JN157321

9条を活かす日本

15%が社会を変える

伊藤千尋

目次

はじめに——まやかしの「積極的平和主義」から真の積極的平和国家へ

日本が危うい。

人類の史上、初めてこの国で誕生し、戦後70年以上にわたって繁栄をもたらした平和憲法が、時代錯誤の愚かな政治屋たちによって踏みにじられようとしている。

自民党は憲法9条に条文を追加して自衛隊を明記しようと画策する。その背景にあるのが「積極的平和主義」だ。安倍晋三首相がアメリカの保守系シンクタンクで言い出し、にわかに日本で広まった。英語では「プロアクティブ・コントリビューション・トゥー・ピース(proactive contribution to peace)」と言う。

これはまやかしの言葉である。平和と言いながら戦争を指向する。プロアクティブという単語は、先制攻撃のさいに使われる軍事用語だ。「やられる前にやれ」という発想から生まれた言葉であり、平和を語るときに使う用語ではない。

その根底にある考えは「武力による平和」だ。憲法9条を空文化し、自衛隊を名実ともに軍隊にして武力を強化し、米国の軍事行動の傘下に入って世界に武力で進出しようという内容だ。現にいま、既に進められていることもある。自衛隊装備の質的な変化だ。海上自衛隊の護衛艦「いずも」の「空母」への改修やこれへの敵基地攻撃可能なF35Bステルス戦闘機の搭載などである。

平和のために戦争を起こすという発想は戦前の軍部と同じだ。安倍氏が唱えた「積極的平和主義」の本質は積極的攻撃主義である。最初から武力に頼ろうとするのは暴力国家だ。今は帝国主義の時代ではない。戦争の惨禍を経て二度と戦争をしないと誓い、民主主義を学び、実践して、平和を築いてきた21世紀の日本が、なぜ野蛮な時代に後戻りしなければならないのか。

「積極的平和主義」に似ているがまったく意味が違う言葉に「積極的平和」がある。英語で言えば「ポジティブ・ピース（positive peace）」だ。ノルウェーのヨハン・ガルトゥング博士が提唱した平和学の用語だ。

今の社会には、放っておけばもめごとにつながる要素が満ちている。貧困や飢餓、人種や男女差別、賃金の格差などだ。こうした構造的な暴力をなくし、だれもが安心して暮らせる社会こそ、本当の平和と言える。積極的な努力によって創る平和を、平和学では「積極的平和」と呼ぶ。

平和は創造するものだ。黙っていては平和にはならない。社会に積極的に働きかけることによって初めて平和がもたらされる。

ガルトゥング博士と2017年に東京で会うと、「あんたの国の首相は、私が50年かけて発展させた平和の概念を台無しにした」と怒っていた。その博士は安倍首相を批判するとともに、日本国憲法9条について「反戦憲法ではあっても平和憲法ではない。9条は崇高な理念をうたっているが、それゆえに安眠枕となっていた」と指摘する。9条があるために日本人は戦争がない状態にあぐらをかき、平和を創造する努力を怠ったというのだ。

ヨハン・ガルトゥング博士と筆者＝2017年、東京で

9条を保つだけで大変だったという国内事情をよく知らないがゆえの見方だと思われるが、世界平和への日本の努力が足りないという指摘は博士の言う通りだと思う。

私たちがなすべきは、その努力を行って反戦憲法を真の平和憲法にすることだ。歴代の保守が改憲の手を次々に繰り出す中で、護憲勢力は守りの一方だった。今こそ攻めに転じようではないか。9条を活性化するのだ。憲法を壊そうとする動きを逆転させるキーワードが積極的平和である。

憲法論議で欠けているのは、日本をどんな国にするのか、というビジョンだ。ただ改憲反対を叫ぶのではなく、平和憲法を活用して日本をこのような国にしようという理想像を示すことが必要だ。そうしてこそ憲法のありがたみがわかる。

私はこれまで世界の82か国を取材してきた。そこで痛感するのは、日本と世界の憲法に対する見方の違いだ。日本では、憲法は絵に描いた餅としか思われていない面が強い。憲法に書いたからといって、社会がひとりでにあるべき姿に変わるわけではない。変えようとする国民の積極的な意思がなければ社会は変わらない。日本人が戦後一貫して誤ったのは、せっかくの憲法をきちんと使おうとしなかったことにある、と私は思う。

世界は違う。世界は憲法を使っている。憲法に描いた理想に合うように国や社会を変えていく不断の努力を、政府も国民もやっている。

日本国憲法は、当時の世界の憲法の先進的な内容を採りいれて作られた。中でも軍隊を廃止するという規定は、世界史的な理想像を体現した誇るべきものだ。平和条項だけでなく人権や生存権など、本当に活かせば、だれもが安心して安全に暮らせる社会に結びつく。憲法を活かそうではないか。

そんなことは夢物語だと言う人は、日本国憲法の出発点に思いをはせてほしい。あのいたましい敗戦で得た教訓は何だったのか。

平和を求めるすべての日本国民に訴えたい。私たちの社会と憲法を救い、自身や子、孫たち、さらに世界の人々が平和で安全に暮らせる社会を創る行動に、立ち上がろうではないか。

そのために何をすればいいのか。日本の狭い社会の中で考えてもなかなか思いつかない。ならば世界の人々が現にやっている実例を知ろう。これまで気付かなかった視点を持てる、元気になれる。世界の人々の英知と実践を知れば、日本を変える道がはっきりと見えてくる。

今の腐った政権のもとでは、それが可能だとは思えない。独裁化した政権はますます腐敗するばかりだ。そのような政権は変えなければならない。そのためにどうしたらいいか。そこに光として見えてくるのが後で述べる「１５％の法則」だ。選挙で勝つのが一番いいが、選挙を経ずとも市民運動の力で政権を変えることはできる。世界の動きがそれを証明している。

日本が９条を掲げて世界に平和を訴えれば日本への信頼は増す。信頼こそが国際社会において名誉ある地位を占める要素だ。私たちは、この国の市民であることを誇ることができる。

そもそもの概念では、市民（citizen）は生まれながらにして市民なのではない。その社会の自立した構成員となり、共同体の政治的な主体として自覚した人を言う。

ただの国民ではなく真の市民社会たる日本の市民になろう。大きな国に追随するのではなく、凜として独自の主張をする自立した真の積極的平和国家として再出発しようではないか。

第1章　世界に広がる憲法9条——日本の世界史的任務

1　世界に広がる9条

〈アフリカ沖の島に日本国憲法9条の碑〉

アフリカ沖の島に日本国憲法9条の記念碑がある。そう聞いて最初は信じられなかった。疑問に思うなら自分で行って確かめればいい。現地に飛んだのは2006年だ。

世界地図を広げてみよう。日本列島の南に沖縄島がある。沖縄を指さして、そのまま指を左に動かすと、アフリカ大陸を越え大西洋に出たところに小さな7つの島がある。スペイン領のカナリア諸島だ。火山の群島で、中には富士山と同じくらいの高さの山もある。

この島で発見された可愛い小鳥に付けられた名がカナリアだ。童謡に歌われるカナリアの発祥地はここだ。中心の島はグラン・カナリア島で、大きさは東京都くらい。成田空港からスペインの首都マドリードに飛び、飛行機を国内線に乗り換えて、この島の空港に降り立った。

暖かい。なにせ緯度が沖縄とほぼ同じだ。島で一番大きなラス・パルマス市の港にはヨットが並び、地中海の港町を思わせる。街並みには石畳が敷かれ、白壁に中庭を持った建物が並ぶ。旧市街にそびえる大聖堂は1500年ころに建設が始まり、1570年に資金が途絶え建設途中のままだ。その時代から時計が止まっているのではないかと思えるほど静かだ。大聖堂の裏に「コロンブスの家」があった。コロンブスが新大陸を目指して航海したとき、行きと帰りに立ち寄った家だ。コロンブスが使った食器が今も置いてある。

さて、目指すのはテルデ市だ。この街のどこかに日本国憲法９条の記念碑があるという。高速バスの発着場に行きテルデ市行きのバスに乗った。高速道路を南に１５キロ。３０分もしないうちに終点に着いた。テルデ市はこの島で2番目に大きな市だ。人口は１５万人ほど。人通りは少なく、町の案内板もない。通行人に「日本の憲法の記念碑があるというが、知りませんか」と聞くと、停留所から歩いて数分のところに高校があり、その向こう側にある三角形をした広場の中に記念碑があるという。

広場に着いて、初めて知った。広場の名前は「ヒロシマ・ナガサキ広場」だ。アフリカ沖の島に広島と長崎を名前にした広場がある。広さは４００平方メートル。正面に演劇の舞台に使うような壁だけの家があり、その屋根から畳より少し大きい板が下がっている。縦１・８メートル、横１・６メートル。板には白いタイルが敷き詰めてあり、鮮やかな青い塗料で書かれた文字が並ぶ（カバー裏の写真）。

一番上には「PLAZA HIROSHIMA y NAGASAKI」、スペイン語で「ヒロシマ・ナガサキ広場」という意味だ。その下に「El pueblo japonés...」と長い文章が続く。「日本国民は、正義と…」という日本国憲法9条のスペイン語訳だ。最後に「日本国憲法　第2章9条　1946年」と、これもスペイン語で記してある。

文章を書いた白いタイルの外側を、黄色や青色で飾られたタイルが額縁のように取り巻く。スペインの伝統文化に「絵皿」がある。お皿に塗料で模様を書いて焼き付けるのだが、それと同じ技法である。日本にあるような石に文字が彫られた記念碑を想像していただけに、芸術品のようなスペインの記念碑にしばらく見とれた。照りつける強烈な日差しが白いタイルに反射して、青い文字が浮き上がって見える。実にきれいだ。

〈文化の日も憲法記念日〉

ここに書かれた「1946年」に首をかしげるかもしれない。日本国憲法と聞いて私たちが思い浮かべるのは1947年だ。この年の5月3日が憲法施行の日で憲法記念日である。1946年は日本国憲法の公布の年で、公布されたのは11月3日だ。

日本では施行の日が憲法記念日だが、世界ではふつう公布の日付を憲法記念日としている。「1787年アメリカ合衆国憲法」と呼ばれる米国の憲法は1787年9月17日に制定されて88年に施行された。制定された9月17日が米国の憲法記念日だ。スペイン憲法は1978年12月6日に制定され、この日が憲法記念日となっている。カナリア諸島の碑に日本国憲法公布の年が載っているのは、世界の基準に合っている。

日本が世界の常識と違うのは、憲法をいつ施行するかでもめたからだ。１９４７年5月1日ころに新憲法を施行することが閣議で決まったが、この日は労働者の祭典メーデーと重なってまずいと言われた。5月5日は男の子の節句で男女平等の憲法の理念に反し、「武」の祭なので戦争放棄の精神にそぐわない。そこで中間をとって5月3日にした。

公布は施行の半年前となっており、そのままだと１１月３日になる。ところがこの日は明治天皇の誕生日を祝う「明治節」だ。新しい憲法の記念日にそぐわない。そこで衆議院は公布の日でなく、施行された5月3日の方を憲法記念日に定めてしまった。

これに対して世界の基準に沿って憲法制定の日を祝日としたいと考えたのが参議院議員で文化委員長だった山本勇造氏だ。「われわれは新しい憲法によって、新しい日本を作りあげてゆきたい。他の名前にしてでも、この日だけは残したい」と主張した。後に最高裁判事となった入江俊郎《としお》氏が「新憲法は戦争放棄という世界に類例のない条文を持った憲法である。こんな文化的な憲法はない」と知恵を出し、ここから１１月３日が「文化の日」になった。

日本国憲法はいつ生まれたかと聞かれれば、「１９４６年」と答えるのが正しいのだ。祝日法には「自由と平和を愛し、文化をすすめる」のが「文化の日」の意義だと書いてある。

山本勇造氏と聞いてもピンとこないかもしれない。実は『路傍の石』や『真実一路』を書いた作家山本有三の本名である。文学者である彼は「日本を文化立国とするため、文化人が体制の中に入って政治を変えなくてはならない」と決意し、終戦から2年後の第1回参議院選挙に立候補して当選した。平和憲法は生まれたあと、自由で平和で文化的な新しい日本を築き上げようとする多くの人々に熱い息を吹き込まれたのだ。

さて、目の前の憲法9条の記念碑に話を戻そう。しばらく見とれているうちにハッとした。本当に、アフリカ沖の島に日本国憲法9条の記念碑があるという事実の重みに、あらためて気づかされたからだ。

ここは日本ではない。アジアを越え、アフリカ大陸を越えた大西洋の島だ。なぜ、こんなところに日本の憲法の記念碑があるのか？　だれが、何のためにつくったのだろうか？

〈第9条に第九〉

広場と記念碑がつくられたのは1996年だ。空港とテルデ市を結ぶ高速バス道路。そう、私がバスに乗ってきた道路を建設したとき、設計してみると町の中心部に空き地ができた。ここをどう使うか。当時の市長のアウレリアーノ・サンティアゴさんは、市民が平和について考える広場にしようと考えた。平和を考えるのならば、名前を「ヒロシマ・ナガサキ広場」にしたいと彼は思った。

世界を悲惨な状況に陥れた第2次大戦で、最も悲惨だったのが原爆の被害を受けたこの二つの都市の人々だ。それを記憶し、伝えることがこれからの世界の平和につながると確信した。

さらに彼は考えた。ただ、広場だけがあるだけでなく、平和を考えるきっかけになるものを置きたい。そこで思いついたのが、日本国憲法9条の記念碑だった。

これからの世界を平和にするためには、世界の国が日本の憲法9条のように軍隊の廃止を宣言する憲法を持つことが必要だと思ったからだ。世界のすべての国が軍隊をなくせば、戦争しようにもできなくなるではないか。日本人が入れ知恵したのではない。彼自身が考えたのだ。サンティアゴ市長は広場と記念碑を造ることを市議会に提案した。市議会は議論のあとで採決した。与党も野党もこぞって満場一致の賛成で採択した。

そこには政治的な背景がある。カナリア諸島はスペインで左右両派が武器を手に戦ったスペイン内戦が発生した地だ。１９３６年、この島の総督だったフランコ将軍が反乱軍を率いてクーデターを起こした。３年の内戦のあと勝利したフランコ将軍はスペインの総統となり、１９７５年に病死するまで軍事独裁政権を続けた。

フランコ総統が死ぬと、社会は急速に民主化に向かった。３年後には新憲法が生まれて議会制民主主義が回復した。１９８２年にスペインは北大西洋条約機構（ＮＡＴＯ）に加盟した。そのさい軍事機構であるＮＡＴＯからの脱退やスペイン国内の米軍基地の撤去を求める１０万人規模の大々的な平和運動がスペイン全土で起きた。

カナリア諸島はとりわけリベラル色が強く、欧州連合のミサイル発射基地建設案を住民投票で拒否したほどだ。グラン・カナリア島にあった米空軍基地も冷戦の終了にともなって閉鎖された。テルデ市の市議会はＮＡＴＯ加盟に反対して非核地帯を宣言した。こうした流れの中、平和への強い関心が市民にはあった。

記念碑に書く憲法９条のスペイン語訳は、島にあった日本のラス・パルマス総領事館に頼んだ。今は規模が小さくなって領事事務所になったが、当時は大きな日本の外交機関があった。そのころこの島は大西洋における日本漁業の最大の基地だった。ラス・パルマス港に入港する漁船のうち、一時は日本漁船が３分の１を占めた。日本から出漁するのは大型のトロール漁船で、最盛期には年間１万人もの日本人漁船員が島に上陸した。常駐する日本人も水産関係者を中心に２００人ほどいた。２００１年までは日本人学校もあった。その後、トロールは撤退したが、今でも日本のマグロ漁業の基地である。

ラス・パルマス日本総領事館は１９９５年、島で「広島・長崎原爆写真ポスター展」を開いた。広島の平和資料館から取り寄せたポスターを展示したのが島民の評判を呼んだ。この年、カナリア諸島のランサローテ島で国連主催の「持続可能な観光振興に関する世界会議」が開かれ、当時の沖縄の大田昌秀《まさひで》知事が出席して沖縄の問題と対策を語っている。

ヒロシマ・ナガサキ広場が完成して記念碑ともども落成式が行われたのは１９９６年1月26日だ。サンティアゴ市長と市議会議員の全員、さらに島民１０００人が参加した。式では平岡敬《たかし》・広島市長と伊藤一長《いっちょう》・長崎市長のメッセージが紹介された。平岡市長は「戦争には勝者も敗者もない。破壊と流血があるのみだ。私たちはそのことを若い世代に語り継ぎ、過ちを繰り返さないように努める責務がある」と訴えた。メッセージを読み上げたのは日本人学校の女子生徒だ。

あいさつに立ったサンティアゴ市長は「ヒロシマ・ナガサキ広場は世界の恒久平和を念願する意志を示す。テルデ市は市議会の議決に基づいてスペインのＮＡＴＯ加盟に異議を唱え、非核地帯宣言をした。核爆弾の悲劇は断固として繰り返してはならない」と述べた。ハイライトの除幕式で、西村輝夫・日本総領事がサンティアゴ市長といっしょに記念碑を除幕した。最後は参加した全員が市音楽隊の演奏に合わせてベートーベンの第九「歓喜の歌」を合唱した。第９条に第九だから、ピッタリではないか。

除幕式のあと、平和記念行事が続いた。原爆の悲惨さを訴えるビデオが市内の小中学校で上映された。市内の文化センターでは映画「はだしのゲン」が４週間にわたって上映された。

〈読谷の9条の碑〉

9条の碑の建設の由来を聴いたあと、あらためてテルデ市の「ヒロシマ・ナガサキ広場」にある9条の記念碑の前に立って不思議な気がした。だって、ここはアフリカ沖のスペインの島だ。そこにあるのはスペインの憲法の記念碑ではなく日本の憲法の記念碑だ。しかも日本人が建てたのではない。スペイン人たちが自分たちの意志で、自分たちが資金を出して、土地まで提供して、よその国の憲法の記念碑を建てたのだ。それが現に目の前にある。

日本にも憲法9条の記念碑がある。私が現時点で確認しただけで、憲法9条の条文を彫った石碑が日本には18ある。沖縄に七つ、ほかには広島、岡山、岐阜、静岡県に一つずつ、長野と茨城県に二つずつ、石川県には三つある。ほかにもあるだろう。

その中で最初に見たのは沖縄本島の中部、読谷村《よみたんそん》にある記念碑だ。沖縄戦のさい沖縄本島に米軍が最初に上陸した激戦地で、この村だけで3700人以上の住民が亡くなった。沖縄の基地の調査をしていて読谷村役場の前を通りかかると、役場の玄関の前に高さ3メートルの四角いコンクリートの柱があった。中ほどの銀色の金属板に、黒い字で「日本國憲法第九條（戦争の放棄）」と旧字体で憲法9条が刻んである。柱の上には、炎のような形の青銅の彫刻が乗っている。

とっさに憲法9条の記念碑だと思った。アフリカ沖の記念碑を見た3年後だ。その存在が、ごく自然に思えた。私はそのまま役場に入って行き、「あそこに建っているのは憲法9条の記念碑ですか?」と聞いた。「そうです」と職員は答える。

沖縄の読谷村の役場の前に建つ憲法9条の記念碑

なぜ、この碑を作ったのか、と聞くと、沖縄戦の終結から50周年を記念して1995年に作ったのだという。詳しい資料を見せてほしいと言うと、奥から書類を出してくれた。この記念碑を作るにあたっての趣意書だ。こう書いてあった。

「人間の欲望から発する戦争に対し、我々の中には生来の生きることへの願望がある。すべての生命が当り前にその一生を終えることができる社会、平和なうちに生命を次ぎへとつなぐことのできる社会こそ私たちの願い。その社会の実現を信じよう。我々自身の力を信じよう。世界中が9条の精神で満ちることを信じよう。それは、誰にも阻止できない植物の萌芽と同じ、生命の躍動につながるのだから」

そうか、記念碑の上の彫刻は炎ではなく、植物の新しい芽が地中から天に伸びていく姿、つまり萌芽を表しているのだ。生命の象徴である。

この文章を2度、3度と読んで思った。希望と意欲にあふれる、堂々とした立派な文章だ。小さな村から日本全土、いや全世界に平和を発信しようとする気概を感じる。だが……と首をかしげた。「世界中が9条の精神で満ちる……」。そんなことがあるわけがない。憲法9条を持っている日本でさえ、9条をなくそうとする動きが盛んだ。ましてや世界中が9条の精神で満ちるなんて考えられない。

そう思ったが、しかし、アフリカ沖のカナリア諸島にも日本国憲法9条の記念碑があったではないか。日本人のいったい何%の国民がカナリア諸島を知っているだろうか。テルデ市の名を知っている日本人が、1億3千万人の中に何人いるだろうか。日本人になじみのない島に、日本の憲法9条の記念碑がある。しかも、日本人ではなく地元のスペイン人が自分たちの意志で建てたのだ。

ということは、この世界の、私たちが知らない国の知らない場所に日本国憲法9条の記念碑がほかにもあるかもしれない。いや、記念碑はなくても、日本の憲法9条を広めたい、自分の国の憲法にも同じ条文が欲しいと思っている人が、世界のあちこちにいるかもしれない。

そう思いをはせたとき、「いつの日か、世界中が9条の精神で満ちることが本当に実現するかもしれない」という、確信にも似た思いが充ちてくるのを感じた。

〈不戦宣言〉

読谷村は憲法9条の記念碑を建てただけではない。沖縄戦の教訓を踏まえ、二度と戦争の惨禍を繰り返さないことを祈念して、1995年に開いた第255回議会の定例会で議員と執行部が共同提案し、全会一致で「不戦宣言」を決議した。

役場のそばには「読谷平和の森球場」がある。その一角の広場には「不戦宣言」を書いた石碑がたたずむ。黒い石に白い文字でこう書いてある。

「読谷村は、米軍最初の沖縄本島上陸地点となり一面焦土と化し、今日なお米軍基地が村土の四十七％を占める。

読谷村民は、第二次世界大戦・太平洋戦争の中で三千七百名余の尊い人命を失った。今なお残る遺族らの心の痛みと、生き残った人々の教訓として、今後、二度と再び戦争を起こさない、起こさせないとの決意を表明する。

日本国憲法の平和主義と、非核三原則の遵守を訴え、沖縄戦終結五十周年にあたり、平和を希求する三万三千余の村民意思として次の不戦の誓いを宣言する。」

その「不戦の誓い」を書いた碑文が、すぐ後ろにあった。

人類の未来は常に明るいものでなければならない

それは全ての人類の共存、共生、協調の時代
核の脅威からの解放は人間性の解放につながり
大自然と調和する人間の営みは、明日への活力を生む

沖縄の心、それは武器なき社会であり
武力によらず、人間相互の信頼と
文化文物の交易によって生きてきた
我々は、国家のために次また次へと
沖縄を犠牲にすることを拒む
決して攻撃せず、決して侵略せず
子らを再び戦場へ送らない

人類の未来は常に生命が大事にされなければならない

戦場で、惨禍に見舞われた人々に明日はなかった
降り注ぐ砲弾の雨のなか逃げ惑う人々の恐怖
生きることへの希望の芽は踏みつぶされ
その狂暴さは深く心に刻まれた
そのことを忘れない

巡りきた沖縄戦終結五十周年を機会に
戦争による三千七百余の死者への弔いと
沖縄戦から学んだ教訓、それは非戦の誓いであり
ここに、あらためて恒久の平和を願い不戦を誓う

一九九五年三月三〇日
沖縄県読谷村議会
沖　縄　県　読　谷　村

「不戦の誓い」の碑だけではない。この広場には読谷村の婦人会や老人クラブ連合会が建てた平和を願う石碑が環状に並ぶ。村を挙げ、村民が一致して平和を求めていく姿勢が、永遠に村人を鼓舞するのだ。

〈世界に広がる9条〉

そうは言っても戦争はなくならない、とか、平和なんて幻想だ、とか、9条なんて世界のだれも信じない、などと思っている人に言おう。現実に、9条は世界に広がっている。日本国憲法9条が公布されて3年後の1949年、中米コスタリカで新憲法が公布された。その第12条は「常備軍としての軍隊は廃止する」と明記する。人類の歴史上初めて日本で誕生した平和憲法は、早くもその3年後に地球の反対側でも生まれたのだ。

その後の世界は東西冷戦のなか、軍事力を競う武力の論理が跋扈《ばっこ》したが、やがて1987年、市民運動の力が独裁者を追い出したアジアのフィリピンで、ピープル・パワー（人民の力）による革命のあとに作られた新憲法は第2条第2節で「フィリピン国は、国策の手段としての戦争を放棄し、一般的に確立された国際法規を国法と認め、平和・対等・公正・自由・協調および諸国民との友好を政治原理とする」とうたった。1994年には中米パナマの憲法が

３１０条で「パナマ共和国は軍隊を持たない」という改正条項を入れた。

２００８年には南米エクアドルが新憲法を制定し、第５条で「エクアドルは平和の領土である。外国の軍事基地および軍事目的を持った外国の施設は存在を許されない」とうたい、第４１６条には「国際的な紛争の平和的解決を支持する。その解決のために武力による威嚇または武力の行使は、これを拒否する」という条文が入った。

文面からわかるように、いずれも日本の憲法９条の考えと共通している。日本では憲法９条は存亡の危機にあるが、世界的に見れば広がっているのだ。

コスタリカの場合はのちほど詳しく述べるが、ここではエクアドルのケースを見てみよう。

中南米はかねて「アメリカの裏庭」と呼ばれ、米国の言いなりになってきた。従属国あるいは植民地のような存在だった。ガラパゴス諸島があるエクアドルも、米国政府の言うことは何でもきく政権が続いた。様相が変わったのは２００７年の大統領選挙だ。

大統領選に出馬したコレア氏は公約に「米軍基地の撤退」を盛り込んだ。この国の太平洋岸のマンタにある国際空港は１９９９年から米国の軍事基地として使用されてきた。当面１０年の協定で、その後は両国政府の合意により延長されることになっていた。

選挙で圧勝し就任したコレア大統領は憲法改正を問う国民投票を実施した。そこに盛り込んだのが「外国軍基地を認めない」「武力の拒否」である。結果は圧倒的多数の賛成だった。新憲法が成立し、コレア大統領は米軍基地使用協定を延長しない旨を米国に通告した。憲法の前に、米国は引き下がらざるを得なかった。

〈オリガミスタの活躍〉

この国民投票のさい、支持を訴えて活躍したのが、若者による市民団体「オリガミスタ」である。

オリガミスタのオリガミは折り紙だ。スタは人を指す。つまりオリガミスタとはスペイン語で「折り紙を折る人」という意味だ。日本の折り紙を見て素晴らしい文化だと感嘆したエクアドルの人が、折り紙を普及する市民団体を作った。周囲の人々に折り紙を紹介するさい、実際に折ってみせたのが折り鶴だ。それも「サダコの物語」を話しながら折った。サダコとは広島平和記念公園の「原爆の子の像」のモデルとなった、佐々木禎子さんである。

「第2次世界大戦で米軍は日本のヒロシマに原子爆弾を落とした。そのとき、たった2歳で被爆したサダコという女の子がいた。彼女が12歳になったとき、白血病で入院した。同じ白血病の患者は次々に死んでいった。でも、彼女は死にたくないと思った。だって、まだ小学校6年の3学期だ。間もなく中学生になる、人生で一番楽しい時期だ。新しい友だちを作りたい、旅行もしたいと思っただろう。死ぬかもしれないけど、何もせずに死を迎えるのは嫌だ、何かできることをしたいと考えた。

そこで思いついたのが、折り鶴を千羽折ることだ。千羽折れたら、生き続けることができるかもしれない。かすかな希望を込めて、折り鶴を折った。薬の包み紙や差し入れされた菓子箱の包装紙を使って、少しずつ折った。しかし、千羽を折る前に彼女は亡くなってしまった。同級生が残りを折って、千羽にして、いっしょに棺に葬った。

「原爆ってひどいよね。戦争なんてしない方がいい。平和がいいよね。外国軍の基地を置くってもってのほかだよね。こんどの国民投票では賛成しようよ」

と、オリガミスタのメンバーたちは訴えたのだ。

実際の佐々木禎子さんは、１３００羽以上の折り鶴を折ったと、広島平和祈念資料館が発表している。しかし、１０００羽を折る前に亡くなったという説があり、そちらの方が南米に伝わったようだ。

ともあれ、こうした市民運動の努力が実を結んで、エクアドルでは米軍基地を撤退に追い込んだ。

思えば、折り紙も憲法９条も、ともに日本の良いものだ。ところが、せっかく良いものを持ちながら、日本人は活かしきれていない。活かすどころか、捨てようとする者もいる。もったいないではないか。良いものはもっと世界にアピールすればいい。ようやく世界は日本が持っている優れた価値に気が付いたのだ。今こそ、率先して広めようではないか。

本来なら、日本政府が積極的に憲法9条の精神を世界に広めて回るべきだ。そうすれば日本は平和国家として世界に尊敬されるだろう。実際の日本の政府は、これとは逆に憲法9条をなくそうとしている。尊敬されるどころか、つまらない国だとバカにされる道をなぜ選ぶのか。歴史の神様がいるなら、日本の首相に「お前、頭を冷やせ」と罵倒するだろう。


〈トルコの9条の碑〉


コスタリカの国会決議から2か月後の2015年3月8日、地中海に面したトルコのチャナッカレ市で憲法9条の記念碑の除幕式が行われた。ここは「トロイの木馬」で名高いトロイ遺跡観光の拠点である。

トロイの遺跡によって世界遺産に登録されているチップラック村につくられたのが「ヒロシマ・ナガサキ公園」だ。ここに高さ1メートルほどのどっしりとした石が台座の上に置かれている。白地に黒色で憲法9条をトルコ語で刻んだ記念碑だ。新生トルコの父と呼ばれる初代大統領ケマル・アタチュルクの「内に平和を、外に平和を」という言葉も彫り込まれている。

当時、トルコはイスラム国（ＩＳ）との戦闘の最前線にあり、シリアから多くの戦争難民が逃げ込んでいた。そのころ世界でとりわけ痛切に平和を望んでいたのが、この国の人々だ。

トルコのチップラック村にある憲法９条の記念碑
＝ 2015 年、土田久美子さん提供

副市長が「もう戦争は嫌だ。われわれは平和に向けて進んでいこう」と演説した。チャナッカレ大学の元学長も記念碑の意義を語った。チップラック村は住民が１００人もいないが、除幕式には３００人が参加した。その午前中まで嵐だったが、オープニングの時間に快晴となり、人々は喜んだ。

　記念碑を寄贈したのは日本の女性、土田久美子さんである。日本語の教師として１９９７年にチャナッカレ大学に赴任したあと、イスタンブールの大学、大学院で法学を学ぶかたわら、地元の人々に日本語や生け花を教えてきた。彼女は東京で私の講演を聴き、アフリカ沖の島に憲法９条の記念碑があることを知り感動した。

ちょうどアフリカに行きたいと思っていた土田さんは、その直後にカナリア諸島を訪れたのだ。たまたま会った地元の社会科の先生にヒロシマ・ナガサキ広場に連れて行ってもらい、9条の記念碑を自分の目で見て、さらに感動した。自分の手で9条の碑を世界に広めたいと思った。

長くかかわってきたトルコのために何かしたいという思いが募っていたときでもあった。2014年にトルコを訪れた土田さんは、かつて学んだチャナッカレの大学を再訪した。遠い昔にトロイ戦争があり、100年前にはトルコが勝利したチャナッカレ戦争があったのがこの地だ。平和の場所に生まれ変わることを願って9条の碑の建設計画を話すと、元学長は大賛成してくれた。

トロイの遺跡に近い村に焦点を当てて探すと、チップラック村に行き当たった。村長を探して計画を話すと、村を案内してくれた。古い泉があり、ここにヒロシマ・ナガサキ広場を作ったらどうかと村長に言われた。

除幕式の3月8日は世界女性の日である。土田さんはその後も8月6日と9日の広島・長崎の原爆記念日にチップラック村を訪れた。ヒロシマ・ナガサキ広場は、村人が集まる憩いの場所になっていた。そしてこの広場の存在を世界に知ってもらいたいと誇りを持つまでになっていた。

9条の碑はアフリカ沖の島から地中海へと広がったのだ。日本で9条を変えようとする動きがある中、世界では9条を広めようとしているのだ。

2　光らせるのは私たちだ

〈世界が知る憲法9条の重み〉

日本国憲法の重みを最も理解していないのは、当の日本の政府と与党の政治家ではないか。世界の各地で取材してきた私には、そう思える。

「将来、国際憲法ができるなら、日本の9条がモデルになるかもしれない」と語るのは国際法、比較公法の世界的な大家でオーストラリアの憲法学者のシェリル・ソンダーズ教授（現名誉教授）だ。

参議院の憲法調査会の議員団が訪米したさい、ブラウン元カリフォルニア州知事は「日本の憲法は、これから非常に戦略的な有利性を持つのではないか。兵器、特に核兵器を世界中が大量に抱えている中で、一つの国ぐらいは非常に考え抜いた役割を持つことが必要だ。米国にも、あまり礼儀正しくではなく核兵器廃棄を働きかけたらいいと思う」と語った。被爆国の日本が原爆を落とした米国に対して正面から批判すればいいと、当の米国の大物政治家が勧めるのだ。

世界は、日本人がなぜ日本の憲法をもっと活用しないのか、と不思議がっている。

丁寧な日本語を話すアメリカ人のジャン・ユンカーマンさんは映画監督だ。16歳で来日して日本の高校で学んだ1969年、米国はベトナム戦争の真最中だった。当時は徴兵制があり、自分もこの理不尽な戦争に駆り出されると不安だった。そのときに日本国憲法を知り、「人類の悟りと知恵の極致」と思えた。日本にいることで安らぎさえ感じ、米国の大学で学んでジャーナリストとなったあとは日本で暮らし、日本で子育てもしている。彼が2005年に制作した作品が『映画　日本国憲法』だ。

画面にはさまざまな知識人が登場して日本国憲法について思いを述べる。まず登場するのは米国の歴史学者で、日本の戦後を描きベストセラーとなった『敗北を抱きしめて』（岩波書店、2001年）の著者ジョン・ダワー氏。マサチューセッツ工科大学の教授だ。

「日本には非軍事的なアジア、非軍事的な問題解決のモデルになれるという理想があったが、日本政府にそれをやる政治家が出なかった。米国と決別して『我々は主権を持つ独立国家だ』と主張すべきだった」「日本が『普通の国』になることは賛成できない。アメリカのような『普通の国』になるというのは恐ろしい話だ。アメリカはますます軍事主義的な社会になってきているのだからと語る。

〈人々が政府に押し付けた〉

米海兵隊員として沖縄の基地に駐留したこともある津田塾大の元教授、米国の政治学者ダグラス・ラミス氏は「日本は半世紀以上、戦争をしていない。アメリカでは戦争をやるのが当たり前だけど、日本にいると戦争しないことが常識になっている。憲法９条ができてから自衛隊は一人の人間も殺したことはない。憲法９条は傷だらけだが、なお生きていて成功している」と平和憲法をたたえる。アメリカによる押しつけという批判に対しては、こう指摘した。

「いい憲法はすべて、政府に対して押し付けられる形で制定された。フランス革命がフランス共和国憲法を成立させ、アメリカ革命が米国憲法を成立させた。すべての優れた憲法は、民衆が政府に押しつけた。日本国憲法を政府に押しつけたのは、占領軍と日本国民による一種の短期同盟だった。同一の目的を持ち、政府の権力を制限する憲法を日本政府にのませた。押しつけられたと感じるのは政府の人でしょう。日本や日本国民に押しつけられたのではない。これだけ長続きしているのは、日本の人々が政府に押しつけ続けてきたからです」

さらにラミス氏は現実論を批判して「現実的になれと言うが、戦争であれほど多くの人々を殺したのは誰か。国家です。巨大な軍事力はちっとも安全ではない。沖縄では軍隊が民衆に安全をもたらしてくれた記憶など、まったくない。沖縄が戦場になったのも、日本軍の基地があったからだ。現在は米軍の基地が沖縄にある。もしアメリカがアジアで戦争をしたなら、アメリカの敵から見れば、沖縄が軍事目標になる」と喝破する。

変わり種は諜報機関である米中央情報局（ＣＩＡ）の顧問だったチャルマーズ・ジョンソン元カリフォルニア大学教授だ。「日本はドイツと違って戦争中の侵略行為を謝罪しなかったと言われるが、憲法９条こそが戦争の謝罪だ。憲法９条を破棄することは、謝罪を破棄することだ。中国をはじめ東南アジア諸国から問題が再燃するだろう」と警告する。

ほかにもたくさんの学者や活動家が登場するが、最後に一人だけ挙げよう。米国の名高い学者でマサチューセッツ工科大学のノーム・チョムスキー教授は、憲法９条の廃棄を「２０世紀への逆戻りどころか、野蛮時代への逆戻りです」と断言した。

都内の映画館で上映会が行われた時、私は監督のユンカーマンさんと舞台の前で対談した。日本国憲法の価値を世界で最も理解していないのは、当の日本ではないか、と語りかけ、世界でいかに９条が尊敬されているかを話した。そして外国人でありながら日本の憲法の素晴らしさを強調する映画を作ったユンカーマンさんに敬意を表した。

改憲の動きが加速していることについて、ユンカーマンさんは「平和と民主的な権利がなし崩しに損なわれてきたが、その勢いが嵐になって、洪水のように押し流されようとしているのではないか」と懸念する。それが映画製作の動機だ。映画の内容を詳しくした『映画日本国憲法読本』（フォイル、２００５年）のあとがきで彼は「日本国憲法は、それが公布された時点では先駆的な文書であったし、……いまも世界中の人々が求めてやまない理想を示している。日本にとって、この時期にそれを捨てることは、歴史の潮流に逆らう行為だ」と書いた。

〈憲法を起草した22歳の女性〉

ユンカーマンさんの映画に、日本国憲法に深くかかわったアメリカ女性が登場する。ベアテ・シロタ・ゴードンさんだ。終戦直後に連合国軍最高司令官総司令部（ＧＨＱ）のメンバーとして日本国憲法の草案作りに参加した唯一の女性である。映画では「日本の女性は戦争前にぜんぜん権利がなかった。だから憲法に書きたかった。社会福祉の権利も入れたかった」と語る。

私はベアテさんに会ったことがある。１９９８年だ。ジェームス三木さんがベアテさんの生涯を描いた青年劇場の舞台『真珠の首飾り』の上演場だった。銀髪で、ふくよかな、見るからに人の良さそうな、それでいて凜としたおばあちゃんで、流暢《りゅうちょう》な日本語で語った。

「この憲法ができてから、日本はほかの国の兵隊を一人も殺さなかった。世界に自慢できる憲法です。憲法九条は世界の平和のために必要です。ほかの国がこの条項をモデルとして見習うべき条文です」

日本国憲法は押しつけだと言う主張には、笑って反論した。「日本の憲法は男女同権をきちんとうたっています。米国憲法にはないものです。つまり日本の憲法は米国の憲法よりも優れています。自分のものよりいいものを押しつけたとは言わないでしょう」

ベアテさんの父レオ・シロタさんは世界的なピアニストだ。彼が今の東京芸大である東京音楽学校の教授に招かれたのを機に、ベアテさんも生まれ故郷のオーストリアから日本にやってきた。5歳のときだ。

父はウクライナ生まれのユダヤ人だ。ヨーロッパでユダヤ人排斥が始まったため帰国できず、一家は日本に居ついた。ベアテさんはドイツ系の学校でユダヤ人だと虐められたためアメリカン・スクールに転向する。大学もアメリカに留学した。

こうした中で、父母が話すロシア語や、友だちと話したドイツ語と英語、住み着いた日本の言葉はもちろん、学校や家庭教師からラテン語とフランス語を習い、6か国語を話せるようになった。

米国への留学中にアジア・太平洋戦争が始まった。ベアテさんを訪ねて米国に来ていた父は米国に留まるように勧められたが、「教え子が私を待っている」と、危険をかえりみず日本向けの最後の船に乗った。日本に着いた10日後に日米戦争が始まった。

仕送りが途絶えたベアテさんは日本語の短波放送を英語に訳すアルバイトでしのいだ。タイム誌で調査を担当するリサーチャーもした。戦争が終わると日本に戻るための職を探し、GHQの民間人要員となった。５年ぶりに日本の土を踏んだのは１９４５年１２月２４日、クリスマス・イブだ。

配属された民政局での任務が新憲法の草案をつくることだ。日本政府が作った憲法草案は天皇主権など戦前の憲法とほとんど変わっていなかった。GHQ側で急に草案を示すことになり、「１週間でつくれ」とチームが編成された。１９４６年２月４日。このときベアテさんはまだ２２歳だった。

メンバーは、米国憲法を上回る理想主義を盛り込もうと燃えた。法律や行政の専門家がいたが、憲法の専門家はいない。まずは世界の憲法を参考にしようと考えた。ベアテさんは瓦礫《がれき》となった東京を回り、焼け残った図書館から世界の憲法を集めた。米国やフランスの憲法はもちろん、進歩的だった第１次大戦後のドイツのワイマール憲法さらにソ連憲法や北欧の憲法をメンバー全員に見せた。

〈米国憲法より優れている日本国憲法〉

ベアテさんが担当した「人権委員会」で、彼女がとくに力を入れたのが女性の権利だ。幼いころ見た日本は絵に描いたような男尊女卑の社会だった。夫の3歩後ろをうつむいて歩き、親の決めた相手と結婚させられ、男子が生まれなければ離婚される。これを変えるチャンスだ。米国の憲法にも女性の権利はほとんど記されていない。ベアテさんは世界の理想を日本に実現しようとした。

「妊婦と幼児を持つ母親は国から保護される」「女性はどのような職業にもつく権利を持ち、男性と同じ賃金を受ける権利がある」。子どもについても「児童は医療、歯科、眼科の治療を無料で受けられる」と書いた。詳細に書いたため、人権の項目だけでも41の条項になった。

長すぎる文が精査された。男性の手によって削られることに泣いて抗議した。日本の女性のために、そして世界の人間のために。

その意志が活かされたのは第24条「個人の尊厳と両性の平等」、第25条「生存権」、第27条「働く権利」そして第14条の「法の下の平等」だ。第9条の平和主義と並んで日本国憲法の真骨頂を示す部分は、このうら若い一人の女性の主張で歴史に誕生したのだ。

2012年に89歳で亡くなる直前、病床のベアテさんは朝日新聞のインタビューに答えた。直前の日本の総選挙で女性の当選者が減ったことを残念がった。それ以上に気にしたのが、改憲の動きだ。「平和条項は世界にとってのモデルであり、逆戻りすれば悲劇です」

平和条項と女性の権利を守ってほしいというのが、彼女の最後の言葉だ。「日本の若い女性は、もっと積極的になってほしい」とも述べた。遺言で、自分の葬儀では献花しなくていいから、その費用を日本の「九条の会」に寄付するように、と言い置いた。

いま、日本ではタカ派の政権が改憲に突っ走る。９条を変え、「失われた日本女性の良さを取り戻す」という理由で、再び男性にへりくだる女性をつくろうとする。

戦後の混乱期に、２２歳の女性が精魂込めて創り出した理想を活かすことこそ、今の私たちがやるべきことではないか。日本だけのためではない、女性だけのためでもない。人類の理想を実現するために、だ。

真珠の首飾りは、箱に入れてたんすにしまっておいたのでは、持っている意味がない。使ってこそ価値がある。憲法に書かれたことがいかに良くても、活用しなければ無いと同じだ。人類の歴史に輝く真珠のような憲法は、ほかでもない私たち日本人にもたらされた。光らせるのは、私たちしかいない。

〈日本人の意志〉

ベアテさんたちが憲法の草案を作るうえで、大いに参考にしたものがある。日本の民間から出された憲法草案だ。日本政府が出したのは明治憲法ほぼそのままで、ベアテさんによると

「反面教師」にすぎなかった。しかし、進歩的な学者による憲法研究会の「憲法草案要綱」は目を見張るものだった。GHQに提出されたのは1945年12月26日。ベアテさんが再来日した2日後である。

憲法研究会を代表する高野岩三郎《いわざぶろう》は日本の労働組合の先駆者、高野房太郎《ふさたろう》の弟で、東京帝大の統計学の教授だった。戦後はNHKの会長に就任し、放送の民主化に貢献した人だ。草案をまとめる中心となり「日本国憲法の間接的起草者」といわれる鈴木安蔵《やすぞう》は、治安維持法で何度も検挙された不屈の憲法学者だ。戦時中も研究活動を続け、明治時代の植木枝盛《えもり》ら民権運動家による憲法案を発掘した。

それが草案に生きた。「憲法草案要綱」を発表したさい、鈴木は「植木枝盛の『東洋大日本国国憲按《こっけんあん》』や土佐立志社《りっししゃ》の『日本憲法見込案』を初め、明治初期の大弾圧に抗して情熱を傾けて書かれた二十余の草案を参考にした。また外国資料としては1791年のフランス憲法、アメリカ合衆国憲法、ソ連憲法、ワイマール憲法、プロイセン憲法である」と述べている。ベアテさんらGHQのメンバーと同じように、日本側の研究者も世界の憲法の最先端を取り入れようとしたのだ。

いま、憲法研究会の草案を読むと驚く。ほとんどそっくりの条項が日本国憲法にある。原文のカナはカタカナだが、読みやすくひらがなにしよう。「日本国の統治権は日本国民より発す」

「国民は法律の前に平等にして出生または身分に基く一切の差別はこれを廃止す」「国民は健康にして文化的水準の生活を営む権利を有す」など。他に「国民は休息の権利を有す。国家は最高8時間労働の実施、勤労者に対する有給休暇制、療養所、社交、教養機関の完備をなすべし」という規定もある。

GHQの草案の作成に、この憲法研究会案が採用された。

GHQで日本国憲法草案を作成する中心となったケーディス大佐は「憲法研究会案と尾崎行《ゆき》雄《お》の憲法懇談会案は、私たちにとって大変に参考になりました。実際これがなければ、あんなに短い期間に草案を書き上げることは、不可能でしたよ。ここに書かれているいくつかの条項は、そのまま今の憲法の条文になっているものもあれば、いろいろ書き換えられて生き残ったものもたくさんあります」と話している（鈴木昭典著『日本国憲法を生んだ密室の九日間』創元社、1995年、150ページ）。

〈国連憲章から採用〉

戦争放棄を決めた日本国憲法第9条の中の「武力による威嚇または武力の行使」の文面はGHQの創作でも日本側の発案でもない。ケーディス大佐が国際連合憲章から採用したのだ。1945年6月に米サンフランシスコで連合国が第2次大戦後の世界を平和なものとするため国際連合を創設したさい、国連の憲法として採択したのが国連憲章だ。その第2条第4項に「すべての加盟国は、その国際関係において、武力による威嚇又は武力の行使を、いかなる国の領土保全又は政治的独立に対するものも、また、国際連合の目的と両立しない他のいかなる方法によるものも慎まなければならない」と規定した（訳は国連広報センターによる）。

国連憲章の前文を読むと、日本国憲法の前文と口調や姿勢がよく似ている。国連憲章の前文はこうだ。

「われら連合国の人民は、われらの一生のうち二度まで言語に絶する悲哀を人類に与えた戦争の惨害から将来の世代を救い、基本的人権と人間の尊厳及び価値と男女及び大小各国の同権とに関する信念をあらためて確認し、正義と条約その他の国際法の源泉から生ずる義務の尊重とを維持することができる条件を確立し、一層大きな自由の中で社会的進歩と生活水準の向上とを促進すること、並びに、このために、寛容を実行し、且つ、善良な隣人として互に平和に生活し、国際の平和及び安全を維持するためにわれらの力を合わせ、共同の利益の場合を除く外は武力を用いないことを原則の受諾と方法の設定によって確保し、すべての人民の経済的及び社会的発達を促進するために国際機構を用いることを決意して、これらの目的を達成するために、われらの努力を結集することに決定した」

憲法の前文は堂々とした宣言の形をとるのが常であり、文章の調子はどうしても似通ってくる。文言は違うが、再び戦争の惨禍が起こることのないように、人間性を基盤にして平和な世の中をつくるという理想を実現する決意を語った点で共通する。

こうしてみると、日本国憲法の崇高な意義と存在は、より明確になる。

日本国憲法は、国内的に見れば世界の国の人々がそれぞれの国で長い体験の上に到達した国家の仕組みの知恵の最高峰を集大成したものであり、国際的には、世界的規模の戦争を経験した人類が到達した平和への道筋の最先端にあるものである。きっぱりとそう言えるだろう。

日本国憲法は、私たち日本人だけのものではない。平和な世界を創り上げ、安心して生をまっとうしたいと願う、世界の人々、そして歴史上に現れた人類すべてのものなのだ。これを安易に改憲すべきではない。私たちに問われているのは、それをどう活用するか、そしてどう発展させるか、ということである。それこそ、私たち日本人が肩に負う、崇高な使命なのだと私は思う。

〈軍備撤廃を提案した幣原首相〉

ベアテさんたちの憲法草案チームが発足する直前に、マッカーサーを驚かせたことがあった。当時の首相、幣原《しではら》喜《き》重郎《じゅうろう》がＧＨＱ司令部を訪問して新しい憲法に「軍備放棄」を盛り込むよう提案したのだ。１９４６年１月２４日だ。そのように至った詳しい事情を幣原は、１９

51年3月10日に亡くなる10日ほど前に秘書官の平野三郎に言い残した。その問答が『幣原先生から聴取した戦争放棄条項等の生まれた事情について――平野三郎氏記』として憲法調査会事務局から1964年に出されている（これは国会図書館の憲政資料室に「憲法調査会資料」の第165番として保存されている）。

そこには日本国憲法が日本側からの発案であったことが明確に描かれている。そして米国の押しつけと言われるようになった理由もわかる。平野の素朴な質問に幣原が丁寧に答えるやりとりを読み進むと、9条の発想が生まれたいきさつがよくわかる。その抜粋を読みやすく要約して掲げよう。問答の詳しいやりとりはネットの「みんなの知識　ちょっと便利帳　https:www.benricho.org/kenpou/Shidehara-9jou.html」でも読むことができる。

平野　私には第九条の意味がよく分りません。独立のあかつきには当然憲法を再改正するのですか？

幣原　いや、そうではない。一時的なものではなく、最終的な結論だ。

平野　軍隊のない丸裸のところへ敵が攻めてきたら、どうするのですか？

幣原　それは死中に活だよ。今までの常識ではこれはおかしいことだ。しかし原子爆弾が出来た以上、事情は根本的に変わってしまった。世界は真剣に戦争をやめることを考えなければならない。戦争をやめるには武器を持たないことが一番の保証になる。

平野　しかし、日本だけがやめても仕様がないのではありませんか？

幣原　そうだ。世界中がやめなければ、ほんとうの平和は実現できない。僕は世界は結局一つにならなければならないと思う。つまり世界政府だ。世界平和を可能にする姿は、何らかの国際的機関がやがて世界同盟に発展し、国際的に統一された武力を所有して世界警察としての行為を行う外はない。

平野　それは誠に結構な理想ですが、日本のような敗戦国が偉そうなことを言ってみたところで、どうにもならぬのではないですか？

幣原　そこだよ、君。負けた日本だからこそ出来ることなのだ。

問題はどのような方法と時間を通じて世界が理想に到達するかにある。その成否は軍縮にかかっている。軍拡競争は際限のない悪循環を繰り返す。常に相手より少しでも優越した状態に位置しない限り安心できない。この心理は果てしなく拡がって行き何時かは破綻が起る。

軍縮を可能にする方法は一つ。世界がいっせいに一切の軍備を廃止することである。

ここまで考えを進めてきた時に、第九条というものが思い浮かんだ。そうだ。もし誰かが自発的に武器を捨てるとしたら。最初それは脳裏をかすめたひらめきのようなものだった。次の瞬間、直ぐ僕は思い直した。相手はピストルを持っている。その前に裸のからだをさらそうと言う。自分はどうかしたのではないか。こんなことを人前で言ったら、幣原は気が狂ったと言われるだろう。正に狂気の沙汰である。

しかし、そのひらめきは僕の頭の中でとまらなかった。これは誰かがやらなければならないことである。今だ。今こそ平和のために起つときではないか。そのために生きてきたのではなかったか。僕は平和の鍵を握っていた。天命をさずかったような気がしていた。

非武装宣言ということは、従来の観念からすれば全く狂気の沙汰である。だが正気の沙汰とは何か。武装宣言が正気の沙汰か。それこそ狂気の沙汰だ。世界は今、一人の狂人を必要としている。何人かが自らかって出て狂人とならない限り、世界は軍拡競争の蟻地獄から抜け出すことができない。これは素晴らしい狂人である。世界史の扉を開く狂人である。その歴史的使命を日本が果たすのだ。

平野　それは遠い将来のことでしょう。その日まではどうするのですか。敵が侵略してきたら？

幣原　この精神を貫くべきだ。そうでなければ今までの戦争の歴史を繰り返すだけである。

僕は第九条を堅持することが日本の安全のためにも必要だと思う。強大な武力と対抗する陸海空軍は有害無益だ。我国の自衛は徹頭徹尾、正義の力でなければならない。その正義とは日本だけの主観的な独断ではなく、世界の公平な与論によって裏付けされたものでなければならない。ある国が日本を侵略しようとする。それが世界の秩序を破壊する恐れがあるなら、脅威を受ける第三国は日本の安全のために必要な努力をするだろう。これからは世界的視野に立った外交の力によって我国の安全を護るべきで、だからこそ死中に活があるという訳だ。

こうして見ると、幣原が戦争放棄の決意を固めるまでの過程が手に取るようにわかる。次はマッカーサーとの面会の下りだ。なぜ「押しつけ」と言われたかが明らかになる。

〈日本に世界史的任務〉

平野　そうしますと憲法は先生の独自の御判断で出来たものですか？　一般には、マッカーサー元帥の命令の結果ということになっています。

幣原　実はあの年（昭和二十年）の暮から正月にかけ僕は風邪をひいて寝込んだ。僕が決心をしたのはその時である。僕には天皇制を維持するという重大な使命があった。元来、第九条のようなことを日本側から言いだすようなことは出来るものではない。まして天皇の問題に至っては尚更である。この情勢の中で、天皇の人間化と戦争放棄を同時に提案することを僕は考えた。

天皇制存続と言ってもシンボルだが、僕はもともと天皇はそうあるべきものと思っていた。元来天皇は権力の座になかったのであり、又なかったからこそ続いてきたのだ。この考えは国体に触れることだから、仮にも日本側からこんなことを口にすることは出来なかった。憲法は押しつけられたという形をとった訳であるが、当時の実情としてそういう形でなかったら実際に出来ることではなかった。

そこで僕はマッカーサーに進言し、命令として出して貰うようにした。これは実に重大なことで、一歩誤れば首相自らが国体と祖国の命運を売り渡す国賊行為の汚名を覚悟しなければならぬ。したがって誰にも気づかれないようにマッカーサーに会わねばならぬ。幸い僕の風邪は肺炎で元帥からペニシリンというアメリカの新薬を貰い全快した。そのお礼ということで元帥を訪問した。それは昭和二一年の一月二四日である。僕は元帥と二人切りで長い時間話し込んだ。すべてはそこで決まった。

平野　元帥は簡単に承知されたのですか？

幣原　第九条の永久的な規定ということには彼も驚いていた。僕としても軍人である彼が直ぐには賛成しまいと思ったので、その意味のことを初めに言ったが、賢明な元帥は最後には非常に理解して感激した面持ちで僕に握手した程であった。

元帥が躊躇《ちゅうちょ》した大きな理由は、アメリカの戦略に対する将来の考慮と、共産主義者に対する影響の二点であった。それについて僕は言った。

好むと好まざるにかかわらず、世界は一つの世界に向って進む外はない。軍縮を可能にする突破口は自発的戦争放棄国の出現を期待する以外ない。日本は今その役割を果たし得る位置にある。歴史の偶然はたまたま日本に世界史的任務を受け持つ機会を与えた。貴下さえ賛成するなら、日本の戦争放棄は、対外的にも対内的にも承認される可能性がある。歴史のこの偶然を今こそ利用するときである。そして日本をして自主的に行動させることが世界を救い、アメリカをも救う唯一つの道ではないか。

幣原は大正から昭和にかけて4度の外務大臣を歴任した。その外交は平和と協調を貫き、大陸への武力進出にも反対した。このために軍部からにらまれ、右翼からは国賊、売国奴と呼ばれたが屈しなかった。日本が軍国主義一辺倒となって満州事変が起きると政界から引退したが、その後も大政翼賛会に最後まで入らなかった。

それが終戦後に返り咲く。1945年10月から46年5月まで総理大臣となり、新生日本の方向を決める重大な役割を担った。

幣原の言葉を裏付けるのは、対面したマッカーサーの記録が一番だ。マッカーサーは、「日本の新憲法にある『戦争放棄』条項は、私の個人的な命令で日本に押しつけたものだという非難が、実情を知らない人々によってしばしば行われている。これは次の事実が示すように、真実ではない」と言って、『マッカーサー回想記』（朝日新聞社、1964年）で次のように書いている（下巻163～165ページ）。

幣原が新憲法で軍事機構をいっさい持たないと決めたいと提案したとき、マッカーサーは「腰が抜けるほどおどろいた」という。会談は3時間近くに及び、幣原は最後に「世界は私たちを非現実的な夢想家と笑いあざけるかも知れない。しかし、百年後には私たちは予言者と呼ばれますよ」と涙ながらに語ったという。

憲法９条を守り活かすことは、歴史が私たちに課した世界史的任務だと思えば、奮い立つではないか。

第2章　憲法を活かす社会へ

――コスタリカ、世界からのヒント

1　平和憲法を活用するコスタリカ

〈積極的平和とは〉

平和って何だろう？

日本ではよく「戦争がない状態が平和だ」と言われる。だが、第2次大戦後に北欧で発達した平和学では、単に戦争がない状態を平和とは考えない。戦争がなくても戦争や紛争につながる火種は社会に多い。貧困や飢餓、人種や男女の差別、賃金の格差、いじめ、さらに難民や領土問題もある。放っておくと社会が混乱し、やがては紛争や戦争につながってしまう。

こうした構造的な暴力をなくし、だれもが安心して安全に暮らせる社会こそ本当の平和だ。だから黙っていても平和にはならない。平和は創るものだ。積極的な努力によって創る平和を、平和学では「積極的平和」と呼ぶ。

平和憲法を持っているだけでなく積極的に活用して世界に平和を広げる国がある。小学生が国を相手に憲法違反の訴訟を起こして勝ってしまう国がある。困っている難民を100万人も受け入れている国がある。まさか、と思うような政策を現に実現している国が中米のコスタリカだ。

　コスタリカに感心するのは、平和憲法を活用して世界に平和を広めようとするだけではない。国内にも憲法を活用し、国民のだれもが安心して安全に暮らせる社会を創ろうとして実際に成果を挙げたことだ。

　戦後の日本は世界一安全な国をつくった……はずだが、今の日本でだれもが安心して生きられるだろうか。正規雇用と非正規の差がつき、教育にはカネがかかるし、医療費の負担は増えるばかりだ。しかも老後の蓄えとしてしっかり貯めてきたはずの年金が削られる。

　これでは安心して生きていけない。かつては1億総中流と言われたが、今は金持ちと貧しい人の差、大企業と中小業者の差が激しくなるばかりだ。国民から不満が出るのは当たり前だろう。それに対して政府は何も手を打たない。というより金持ちがより金を持ち、中流が下流に落ち、下流が貧困層に落ちるような政策しかしていない。

　コスタリカは教育費が無料だ。医療費も無料だ。経済大国の日本がなしえないことを実現した。しかも「世界一幸せな国」と評価される。「私は幸せです」と心から思っている人の割合が世界で最も高い国、それがコスタリカだ。今、日本人の中で「私は幸せと感じています」と胸を張って言える人がどれだけいるだろうか。

　小さくて貧しい開発途上国なのに、自由と民主主義の度合いは日本よりもはるかに高い国。

平和国家を基軸に教育国家、環境国家として世界に尊敬される国づくりをしている国。一般の国民が幸せだと思える社会。どうしたらそんなことが可能になったのかを探れば、日本が進むヒントを得られそうだ。

〈ノーベル平和賞〉

核兵器禁止と言えば、被爆国である日本人にとっては長年の悲願だ。国連で２０１７年７月、核兵器禁止条約が採択された。その議長国となったのがコスタリカだ。この条約を提案したのがコスタリカである。この年だけではない。最初は１９９７年、次に２００７年、そして今回と３度にわたって提案し、世界の国々を動かして賛同国を増やした。

本来、被爆国家の日本が担うべき役割を、この小国がやってのけた。議長となったコスタリカ人のホワイトさんは条約を審議する前に長崎を訪れて被爆者と会い、条約に「ヒバクシャ」の言葉を入れると約束した。実際、条約の前文に「ヒバクシャ」の文言が盛り込まれた。

日本に次いで世界で２番目に憲法で軍隊を廃止したのが、このコスタリカだ。

日本は戦力を放棄すると言いながら自衛隊という強大な武力を持ったが、コスタリカは憲法の条文通り、本当に軍隊をなくした。それも国民の総意で軍隊を棄ててしまった。しかも平和憲法を持っているだけでなく活用して、世界に平和を広めている。平和外交を展開することで平和立国を実現し、そのため世界の国から「平和の国」として尊敬されている。

１９８６年にコスタリカで大統領選挙が行われ、４２歳のオスカル・アリアス氏が当選した。当時、私は朝日新聞の中南米特派員としてこの選挙を現地で取材した。アリアス氏は選挙スローガンに「平和、不戦」「武装放棄こそ将来の道」を掲げ、当選したら平和外交をいっそう強めると宣言した。

当時、コスタリカの北のニカラグア、その北のエルサルバドル、その北のグアテマラの３つの国が内戦をしていた。ニカラグアのゲリラがコスタリカの国内に潜入し、それを掃討しようとニカラグア政府軍がコスタリカの領内に侵入するぶっそうな状況だった。アリアス氏に対抗した候補は強硬策を主張したが、国民は平和・対話路線のアリアス氏を支持した。

アリアス大統領は「コスタリカ人が一人たりとも死ぬことがあってはならない」と発言し、隣のニカラグアとの問題を対話で解決した。それだけではない。ニカラグアなど３つの国の内戦を終わらせるための調停に乗り出した。

それまでニカラグアは4年、エルサルバドルは6年、グアテマラにいたっては１９６０年から２６年も内戦が続いていた。周囲のメキシコなどの国やヨーロッパからも調停の動きがあったが、いずれも実らなかった。そこでアリアス大統領は就任直後から「ラテンアメリカの問題はラテンアメリカ自身が解決する」と主張して、３つの国の政府とゲリラに対話を勧めたのだ。

すぐに成果は出なかった。困難な調停の途中、1986年の国連総会でアリアス大統領は演説した。「私は武器を持たない国から来ました。私たちの国の子どもたちは戦車を見たことがありません。軍艦どころか銃さえ見たことがありません。私は小国ながら100年にわたる民主主義の歴史を誇る国から来ました。私たちの国では男の子も女の子も、弾圧というものを知りません。私たちの国は自由の国です」と語りかけた。

あくまで対話による交渉を続けた結果、ついにグアテマラ南東部にある小さな町・エスキプラスで、関係した5か国の大統領による和平合意の調印を取り付け、3つの国の内戦が終わる道筋をつけた。その功績で彼は翌1987年のノーベル平和賞を受賞した。

先に述べた平和学を発展させたのは、ノーベルと同じノルウェー出身のヨハン・ガルトゥング博士だ。そしてアリアス氏はガルトゥング博士の教え子である。博士が英国エセックス大学の大学院で平和学を講義したときの生徒だった。ガルトゥング博士は2017年に来日した。その時、アリアス氏について「当時は寡黙な生徒だったが、大統領になったら口数が多くなった。1ミリくらいは私の影響があるかもしれない」と笑って話した。

〈「平和の輸出」〉

ノルウェーでノーベル賞受賞の記念演説をした際、アリアス大統領はこう語った。

「歴史は夢が現実に変わることを求めている。歴史はおのずから自由への道を目指している。歴史はおのずから人間の心が正義だと判断している。歴史の流れに逆行するとき、搾取と貧困と圧政の道に移る。我々は非武装国であり、飢えのない国民であり続けるよう闘っている。私たちはラテンアメリカにおける平和のシンボルであり、発展のシンボルでもありたい。平和が発展のための条件であり成果であることを示したい」

本来なら日本の首相に語らせたい言葉ではないか。平和憲法を活用してアリアス大統領は周囲に平和を広めた。コスタリカがラテンアメリカにおける平和と発展のシンボルなら、日本はアジアにおける、いや世界における平和と発展のシンボルになれるはずだ。

最後にアリアス大統領はこう締めくくった。「二度とヒロシマはあってはならないし、二度とベトナムもあってはならない。武器はそれのみで火を吹かない。希望を失った者が、武器の火を吹かせる。私たちは平和のために迷わず闘い、希望のない世界や狂信者の脅しという挑戦を、恐れずに受けなくてはならない。私たちは夢を捨てない、知恵を恐れない、自由から逃げないことを誓う。私たちは人生を捨てない、魂に背を向けない」

アリアス大統領が行ったのは、歴史はおのずから自由や人の心が正義だと判断する、という意味での「平和の輸出」だ。平和憲法を持っている国は、自分の国だけが平和で満足してはいけない。周囲を、世界を平和にするのだという決意と実行である。

ひるがえって、同じ平和憲法を持ちながら、日本は世界に何をしてきただろうか。日本の政府がやったのは、戦争中に日本軍が南京虐殺などするはずがない、従軍慰安婦などありえないから謝る必要もないなど、アジアの人々の神経を逆なでするこ とばかりだった。

日本でも佐藤栄作首相が1974年にノーベル平和賞を受賞した。国会の答弁などで非核三原則や専守防衛論など戦争放棄の憲法9条を強調したことが、当時の東西冷戦の中で評価された。つまり佐藤首相が何かしたわけではなく、日本の平和憲法という存在がノーベル平和賞を受賞したのである。その佐藤首相が実は沖縄への核持ち込みの密約を米国と結んだ当事者だった。亡くなったのち、遺品に密約の合意議事録が含まれていたことが明らかになった。日本の政治家とコスタリカの政治家との間には大きな差がある。

ノーベル賞を受賞すると多額の賞金が出る。アリアス氏は自分の財産にするのではなく、それを資金として1988年にアリアス平和財団を立ち上げた。首都の事務所を訪れると、事務局長の女性弁護士ララさんが迎えてくれた。「財団の目的は中米地域に平和をもたらすことです。平和は日々、創っていくもので、努力を放棄すれば平和はすぐに失われてしまう」と彼女は語る。

財団の仕事で重点を置いているのは銃や地雷など小火器を廃止するキャンペーンだ。米国を筆頭に大国が銃を途上国に大量に売るため、紛争が世界に拡大している。こうした国際的な武器の売買を規制しようと財団は活動する。さらにグアテマラなど中米の女性の地位を向上させるために識字教育や権利意識などの啓発に取り組んでいる。自国でなく外国の女性のために資金を出す点に目を見張る。


〈最も良い防衛手段は防衛手段を持たないこと〉


大統領を退いたあとのアリアス氏を、私は日本に招待したことがある。1995年に「世界が平和になるためにはどうすればいいのか」をテーマに、朝日新聞が国際会議「希望の未来」を開いた。担当者となった私はアリアス氏をパネリストとして招いた。

私はアリアス氏を空港に出迎えに行き、都心までの車の中で彼に質問した。その3年前にカンボジア内戦の和平のため、国際貢献の名目で自衛隊が初めて海外に派遣された。「同じ平和憲法を持っていても、コスタリカは本当に軍隊をなくした。日本は自衛隊をつくって、しかもそれが海外に派兵された。これをどう思いますか」と聞いたのだ。

アリアス氏は間髪入れずに答えた。「国際貢献など美名を使っても、軍服を着た軍人が行けば必ず現地の人々から嫌われる。わざわざ軍人を派遣しなくても、日本は別の貢献の仕方があるではないですか」と言う。そして「これまでカンボジアは戦争をしていたから病人、けが人ばかりだ。まずは医師を派遣すればいい。白衣の医者の方が軍服を着た軍人よりもはるかに歓迎されます」と語る。

なるほどと私がうなずくと、アリアス氏は息も継がずに言った。

「次に必要なのは産業の復興です。カンボジアの産業は農業で、日本と同じ水田耕作ではありませんか。日本の反当たり収量は世界一。日本の農民をカンボジアに派遣して、日本の優れた農業技術をカンボジアの人々に教えればいい。そうすればカンボジアのすべての田んぼに稲がたわわに実り、誰もが食べられるようになる。飯が食べられたら誰も戦争なんてしませんよ」

再びなるほどと驚きながら感心していると、アリアス氏はさらに言葉を継いだ。

「その後に問われるのが将来です。将来を決めるのは教育です。日本は世界に冠たる教育国家で、昔から寺子屋もあった。教師を現地に派遣して、日本の優秀な教育をカンボジアに輸出すればいい。そうすればカンボジアの将来ができます」

驚嘆した。実に名案ではないか。カンボジア派兵のとき、自民党は「これに反対するのは国際貢献に反対することになる」と言って、野党を抑えた。野党側は自衛隊の海外派兵になると強く批判したが、世論を大きく結集するまでにはならなかった。思えば自民党のあんな理屈を打ち砕せなかったのは残念だ。あのとき野党や市民からアリアス氏が言うような代替案が出て、それが世論になっていたら、自衛隊の海外派兵は止めることができたかもしれない。

ところが日本はそうならなかった。アリアス氏のような発想がなかったからだ。コスタリカではふだんから平和貢献を常に実行しているから、質問に対してアリアス氏はすぐに答えられたのだ。

ならば日本もそうすればいい。政府の言う提案にダメと言うだけの野党なら政権担当能力を疑われても仕方ないだろう。国民の多くが賛同するような案を示してこそ中間層も支持するようになる。野党だけでなく市民やＮＧＯも示せばいい。そうしない限り日本はいつまでも変わらない。

そして迎えたシンポジウムの舞台で、アリアス氏は名言を吐いた。

「私の国は、１９４８年に軍を廃止してから５０年近く軍隊を持っていません。私たちにとって最も良い防衛手段は、防衛手段を持たないことです」

〈女子高校生の誇り〉

平和貢献をいつもやっていると、どうなるか。それを目の当たりに感じたことがある。コスタリカの街中を歩いていて、ふと疑問に思った。一般国民は平和憲法をどの程度知っているのだろうか。

たまたま八百屋さんが目の前にあった。店に入ると、エプロンをしたおじさんが「いらっしゃい」と声をかける。日本の新聞記者で意見を聞かせてほしいと言うと、何でも聞いてくれ、と彼は言う。そこでいきなり聞いた。「あなたの国に平和憲法があるのを知っていますか?」。彼は「もちろん」と言う。

「侵略されたら、どうするのですか?」と聞くと、彼は胸を張って答えた。「うちの国は周りの3つの国の戦争を終わらせるなど、世界の平和のために貢献してきた。こういう国を攻める国があるとは考えられない」ときっぱりと語る。

店を出ると、向こうから女の子が歩いてきた。白いブラウスに灰色のスカートをはきカバンを持っている。女子高校生だった。彼女に同じ質問をした。「あなたの国に平和憲法があるのを知ってる?」。彼女は「もちろん知ってます」と答えた。私は「でも、侵略されたらどうするの。あなたは殺されるかもしれないんだよ」と聞いた。

彼女は、これまでコスタリカが国連などで行ってきた世界の平和のための政策や行動を30年前にさかのぼって次々に具体的に挙げた。そのうえで「この国を攻めるような国があれば、世界が放っておかない」と述べた。さらに「私はコスタリカの歴代の政府が行ってきた世界の平和に向けての努力を、一人の国民としてとても評価しています。私は自分がコスタリカ人であることを誇りに思っています」と毅然として語った。

その凜とした顔を見て正直、「この国はすごい」と私は心から思った。政治家や学者でなく、一般の市民が国政についてしっかりした知識と自分の明確な意見を持っている。それも、たまたま道で出会った女子高校生が外国の記者の突然の質問に堂々と、データを挙げて政治を語るのだ。日本ならあらかじめ連絡しておいた有名高校の生徒会長でも、こうはいかないだろう。日本の街でいきなり外国人の記者に質問されて、国の平和政策をスラスラと語れるだろうか。日本の政治を誇りに思っていると言えるだろうか。いや、それ以前に、国民が誇れるような政策を日本の政府はやっていないではないか。日本国民は、誇りたくても誇れない。

ここで思い出すのは日本国憲法に軍備の放棄を提案した幣原喜重郎首相だ。彼はこう語った。「ある国が日本を侵略しようとする。それが世界の秩序を破壊する恐れがあるなら、脅威を受ける第三国は日本の安全のために必要な努力をするだろう」。女子学生が「この国を攻めるような国があれば、世界が放っておかない」と言うのは、まさにこのことだ。

幣原の理想をコスタリカはまさに実現している。女子高生が自分の国を誇れる国って、素晴らしいではないか。日本国憲法の前文に「われらは、平和を維持し……国際社会において、名誉ある地位を占めたいと思ふ（う）」とあるが、けっして夢ではない。コスタリカのようにすれば、名誉ある地位を実際に得られるのだ。

〈兵舎を博物館にしよう〉

コスタリカって、どんな国なのだろうか。なぜ軍隊を廃止したのだろうか。

南北に伸びるアメリカ大陸の真ん中にくびれた部分がある。運河をかかえるパナマの北にある国がコスタリカだ。大航海時代にコロンブスがやってきたとき、カリブ海に面して広がる緑豊かな密林を見た。コスタ（海岸）・リカ（豊かな）という名は、そこから名付けられた。熱帯だが、首都サンホセは高台にあって涼しい。

首都の中心部に軍の要塞のような形をした黄色の建物がある。かつては実際に軍の司令部だった。それが今は国立博物館に変わった。平和憲法を作った際に「兵舎を博物館にしよう」というスローガンをつくり、その通りに実行したのだ。

平和憲法をつくったきっかけは内戦だ。１９４８年の大統領選挙での不正から、同じ国民どうしが武器をとって戦った。１か月余りの戦争で約４０００人が亡くなった。２００万人に満たなかった当時の人口からすれば、かなり多い。武力でものごとを解決しようとすれば多くの犠牲者を出す。それは避けたいという強い意思が戦争の直後、生まれた。

それは第２次大戦直後の日本でも同じだったろう。空襲で家を焼かれ食べ物もなくなった日本の国民は、二度と戦争をしたくないと思った。だが、たらふく食べていた政治家や高級軍人は反省しなかった。戦後の日本で戦犯がそのまま政治の主導権を握り、今の政治家たちが戦前と同じ発想をするのを見てもわかるように、日本では戦後のスタート段階できちんと反省をしなかった。これに対してコスタリカでは政治家がまず反省したのだ。

内戦で勝ったのは反乱軍で、その中心人物は農場経営者だったホセ・フィゲーレスである。戦後に彼が率いる政府評議会が軍備の放棄を宣言し、翌１９４９年１１月に制定された憲法に軍隊の禁止が明記された。軍備放棄を決めたときフィゲーレスは、兵営の正面の壁をハンマーをふるって壊した。

その記念すべき場所に、緑色の石の四角い碑がはめこまれている。スペイン語で「武器は勝利をもたらすが、法律のみが自由をもたらす」という白い文字が刻んである。その下には「１９４８年１２月１日、ホセ・フィゲーレス・フェレールがベジャビスタ兵営の壁に一撃を与えた。この象徴的な行動によってコスタリカの軍の廃止は不動のものとなった。その行動は、武力支配に対する文明の勝利を示した」と彫ってある。

〈軍隊の禁止〉

コスタリカ憲法の第１２条は「恒久的制度としての軍隊は禁止する。公共秩序の監視と維持のために必要な警察力は保持する。大陸間協定によりまたは国防のためにのみ、軍隊を組織することができる。いずれの場合も軍は文民権力に常に従属し、単独または共同して、審議することも声明または宣言を出すこともできない」とうたう。

コスタリカの憲法では、いざとなれば軍隊を組織できる。この点も日本の憲法とは違う。他の国から攻められたときは大統領が議会に対して国家防衛事態を宣言し、国防軍を組織できるのだ。しかし、1949年にこの憲法が誕生して以来、軍隊が組織されたことは一度もない。

大陸間協定というのは、アメリカ大陸全域の集団安全保障条約である米州相互援助条約（リオ条約）と米州憲章を指している。つまり集団安保である。

集団安保というと自民党が唱える「集団的自衛権」を思い出すが、自民党が言うのは米国との2国間条約である。それは米国の下に日本が従属する性格のものだ。コスタリカが加盟したのは米州すべての国との多国間条約だ。

武力に対して集団安保など効果があるのか、と疑問に思う人もいるだろう。コスタリカでは、実際に効果を出した。軍備放棄の方針を決めた直後に隣のニカラグアが軍隊を出してコスタリカを侵略しようとした。これがリオ条約の適用第1号となり、米州諸国の集団の力で平和のうちにニカラグアの軍を撤退させた。

でも、集団安保に加盟していたら、他の国で紛争が起きたときに軍隊派遣の要請を受けることになる。軍隊を持たないコスタリカはどうするのか。

心配はいらない。コスタリカは軍備放棄を宣言した2日後にこのリオ条約に加盟したが、「うちは軍隊がないから」と最初から派兵を断った。軍隊ではなく別の手段、たとえば医者を派遣したり薬や食料を送ったりしてその国を支援するのだ。リオ条約も「同意なしに軍隊の使用を強制されることはない」と規定している。日本人はとかく杓子定規《しゃくしじょうぎ》でものごとを考えがちだが、運用によっていかようにもなるのだ。

〈軍隊がある？　丸腰？〉

コスタリカが軍備を放棄したことに「それはウソだ。コスタリカは自衛隊のような軍隊を持っている」という声がインターネットに流れている。逆に「コスタリカは軍事力をなくしたというが、丸腰で国を守れるわけがない」という批判もある。一方は軍事力があるといい、一方はまったくないという両極端の不思議な非難を受ける。これは、軍事力とは何かという国際常識を知らない無知が原因だ。

『ミリタリー・バランス』という年鑑がある。英国のシンクタンク国際戦略研究所（ＩＩＳＳ）が世界の軍事情勢を分析して発表する年次報告書で、軍事の世界では欠かせない資料だ。そこには世界各国の軍備が掲載されている。

コスタリカのページを開いてみよう。

通常兵力は……無い。準軍事組織（パラミリタリー）が９８００人いるだけだ。準軍事組織とは、軍隊とは別に領土や国境の警備などをする武装組織を言う。その内訳は民間警備つまり都市部の警察が４５００人、国境警備が２５００人、沿岸警備が４００人、航空監視が４００人、地方警備つまり地方警察が２０００人である。

兵器も載っている。戦車は……無い。戦闘機や爆撃機も……無い。軍艦も……無い。代わりにパトロールの船があり、４種類ほど写真入りで掲載されているが、見た目はボートだ。一番大きくて満載時１２０トンである。近海用の漁船くらいでしかない。日本の海上自衛隊のひゅうが型護衛艦は全長は１９７メートルで1万３９５０トンだ。巨人と赤ん坊ほどの違いがある。では、飛行機はどうか。コスタリカの航空監視に使われるのはセスナ機とヘリコプターである。これでどうして「軍隊」と呼べようか。

世界各国の武装治安組織は通常、３段階に分かれる。犯罪防止や社会の治安維持のための警察、密輸や不法侵入から守るための国境警備隊、そして他国と戦争するための軍隊の三つだ。コスタリカは軍隊を持たず、国境警備隊と、あとは治安のための警察だけなのだ。

こうしてみると、コスタリカに自衛隊のような軍隊がある、という説が誹謗中傷《ひぼうちゅうしょう》であることがわかるだろう。コスタリカに軍隊は「無い」のだ。そして国境警備隊があって他国からの侵入や密輸に備えているから「丸腰」でもないのだ。国境警備隊は自動小銃など、防衛のための小火器は備えている。

首都サンホセの目抜き通りを歩いていたら女性の警察官が二人、街角に立っていた。「こんにちは」とあいさつしたあと、いきなり「平和憲法を持っていて侵略されたらどうするのですか?」と質問した。

彼女は言った。「軍隊を持ってしまうと、どうしても武力を使いたがります。それを避けるためにも軍隊を持たないことは素晴らしいことです。もし侵略されたらまず私たち警察が対応しますが、政治家が平和的に解決してくれると信じています」

男性の警察官に同じ質問をした。フェデリコという名の３５歳の警官だ。腰に短銃を下げているが一度も使ったことがないという。「我が国は軍隊がないので、国連を中心とした国際機関に判断をゆだねます。他の国との紛争は対話で解決するようにしている。でも、いざとなったら私たち警官がまず先頭に立って防ぎます」と語る。

そして笑顔で言った。「コスタリカでは、国民は幸せを感じています。この国は幸せに暮らせる国だと思う」と。上司の許可がないと発言しようとしない日本の警官と違って、コスタリカの警官は自分で考え発言する一人の市民だった。

〈永世・積極的・非武装中立宣言〉

コスタリカの平和への姿勢は、何もアリアス大統領に限ったものではない。彼の前任者のモンへ大統領は、コスタリカが危うい時期にあった１９８３年１１月に「永世・積極的・非武装中立」を世界に向けて宣言した。なぜそのような宣言を出したのか。

それは対米自立のためである。

このとき、隣国ニカラグアの内戦の火の粉が降りかかってきた。ニカラグアの反政府ゲリラがコスタリカの領土内のジャングルに秘密の基地をつくって、ニカラグアに侵入した。このためニカラグア政府軍がゲリラの殲滅《せんめつ》を狙ってコスタリカの領土に攻撃をしかけようとする不穏な状況となった。

また、ニカラグアの反政府ゲリラを支援した米国のレーガン政権はコスタリカに対し、国境地帯に飛行場や道路を無償で建設すると申し出た。飛行場を反政府ゲリラに使わせるためだ。これを受け入れればコスタリカは米国や反政府ゲリラ側に加担することになる。

モンへ大統領は米国の「気前のいい」申し出を、きっぱりと拒絶した。同時に、国土がニカラグアのゲリラに利用されることを拒否し、国土からニカラグアのゲリラを追放し、自国の領土がニカラグア攻撃に利用されることを拒否することを宣言した。

単に米国だけに拒否を通告するのは、大国と小国の力の関係上、難しい。このため全世界に向けてコスタリカの立場を明らかにしたのだ。こうすると国際的にコスタリカの中立性が認められ、世界が認めているのだから米国がそれを侵すわけにはいかない。内実は米国のコスタリカへの干渉を阻止するための宣言だったのだ。

永世・積極的非武装中立宣言から１周年の記念行事
＝ 1984 年、コスタリカのサンホセで

その宣言から1年後の1984年11月、首都サンホセで中立宣言から1周年の記念式典が開かれた。私も現場に行った。中心部の文化広場に舞台が作られ、檀上には「中立・非武装・平和」の3つの文字が大きく書かれた。「戦争反対、平和賛成」の声が響く中、

モンへ大統領は「自由と平和を守り続けよう」と演説した。1000人の観衆は「中米に平和を」などと書いたプラカードを掲げた。

それから18年後の2002年、私は引退したモンヘ氏を農村地帯の自宅に訪ねた。中立宣言をした真意を聞くと、「当時の中米には冷戦構造がはっきりと現れて、米国とソ連がそれぞれの陣営を援助していた。その中でコスタリカがはっきりと中立を宣言することが、コスタリカの平和を守るために必要だった」と語った。大国に対する民族自決権の表明でもあったのだ。「中立宣言をする直前、米国の国防総省とCIAの要員がやってきて中立宣言を取りやめるよう迫ったが、私は拒否した」とも打ち明ける。

「宣言の中の『積極的』とは、人権を守るために紛争の調停や仲介などを行動で示すことだ。私たちは軍隊を持っていないからこそ、それができた」。ここにも積極的に平和を創造するという精神が生きている。

米国のすぐ近くであり米国の政治・経済的な影響力がきわめて強い中南米で米国に逆らうなど、なかなかできることではない。過去の中南米の政権の多くが米国の言うことをきかなかったばかりにつぶされた。そのような立場にある経済的に貧しい小国のコスタリカが、超大国に対して独自の立場を貫いたのだ。経済大国でコスタリカよりもはるかに強い立場にある日本に、できないはずがないではないか。

〈国連平和大学〉

モンへ大統領の前のロドリゴ・カラソ大統領は、国連に提案して国連平和大学をコスタリカに創設した。首都近郊にある大学の本部の玄関を入ると、壁には１９８０年の国連総会で決議した、この学校の設立の趣旨がプレートに書いてある。「人類すべてに向けて平和を構築するための高等教育を授ける機関として創られた」。

一口に言えば、世界を平和にするためには何をしたらいいのか、を研究する大学院大学だ。国際的な平和構築や地域紛争の防止・解決を行うことのできる専門的な人材を養成している。「国際法と人権」「国際法と紛争調停」「ジェンダーと平和構築」「国際平和研究」「平和教育」「環境安全保障と平和」「天然資源と平和」「メディアと紛争と平和」など１１の修士課程がある。

私が最初に訪れた１９８５年には２０人くらいの学生しかおらず、大学と呼ぶにはあまりにも貧弱だった。２０１２年に再訪すると５２か国から１８２人の学生が集まっていた。１クラス２５人以下で、授業は英語だ。教授と生徒がいっしょになって討論による活発な授業が展開されていた。

日本の学生も７人いた。早稲田大学を出て出版社で旅行ガイドの編集をしていた今泉千尋さんは、貧困や国際協力に興味を持ち青年海外協力隊に入ってミクロネシアで活動したあと、ここに来た。「メディアと紛争と平和」のコースをとっていた。将来は平和を目指すインターネットのメディアで働きたいと語る。

静かな山の中にある300ヘクタールの広いキャンパスは森林保護区の中にある。カラソ氏の死後は「ロドリゴ・カラソ・キャンパス」と名付けられた。広大な庭には螺旋《らせん》形《けい》にたどる道がいくつもつくられている。平和への道はいつまでも続き、けっして1本道ではない、そこを歩む者が少しずつ創り上げるものだという意味が込められているという。

丘の上にコンクリート製の大きな記念碑が建つ。コスタリカが平和のために努力してきたことを栄誉とするものだ。アリアス大統領の顔を浮き彫りした碑の上には、広げた両手から鳩が飛び立つ彫刻が乗っていた。ここから世界に向けて平和が広まるという意味だ。

アリアス氏の顔の下に文字が書いてあるのを読んで驚いた。スペイン語で「幸いなるかな、コスタリカの母。出産のさいに息子がけっして兵士にはならないと知っているから」と書いてある。軍隊を禁止したことを称賛する内容だが、言葉の主は日本の故笹川良一氏だ。

「右翼のドン」と呼ばれ、米国タイム誌のインタビューに「私は世界で一番金持ちのファシストである」と答えた人物である。自由と民主主義がモットーのコスタリカになぜ彼の言葉が掲げられるのか奇異な気がした。実は、笹川氏が会長だった財団法人日本船舶振興会の後進の日本財団が、この大学の生徒たちに奨学金を出しているのだ。まあ、誰でも受け入れる寛容な心がモットーの国連大学だ。だれがカネを出そうと良いことに使われるならそれでいい、とラテン的に考えればいいのかもしれない。

２０１８年４月から国連平和大学に日本女性が上級顧問（Senior Advisor to the Rector）として着任した。安川順子《よりこ》さん。国連本部や世界銀行などと交渉し、運営費の確保や関係強化など国際協力の推進を受け持つ。彼女はユニセフを中心に国連に３５年勤務し、最後は国連人口基金のアジア太平洋局長をした才媛だ。大学にはほかに、南スーダンのＰＫＯで活躍した元国連職員の日本女性が教授となっている。日本人の活躍がうれしいではないか。もっと日本の若者が入学して学んでほしいものだ。

こうしてみると、コスタリカがあらゆる機会を通じて世界に平和を発信し、実際に世界に平和を広めていることがわかる。ここまでやった結果、世界はコスタリカを「平和な国」と認識するようになった。小さな国がそこまでがんばって達成したのだ。私たちはもっとやれそうではないか。

2 「生きる」から「幸せに生きる」へ

コスタリカがさらに参考になるのは、国外に平和を広めるだけでなく、国内で国民が安心して安全に暮らせるような社会を築こうとしていることだ。生活の面でも憲法をきちんと活かしている。憲法を日本の社会にどう活かしていけばよいかを考える際、「このような社会ができる」という具体例を示してくれる。

〈兵士の数だけ教師をつくろう〉

コスタリカが軍隊をなくしたのは、内戦への反省のほかにもう一つ理由がある。それはカネだ。軍隊があったときのコスタリカでは、年間予算の30％が軍事費だった。軍隊を持つには莫大なカネがかかるのだ。

内戦で多くの人が死に経済的にも打撃を受けたあと、軍隊は社会の発展にどれほど役立つのかという疑問が生まれた。軍事に予算を割くよりも、ほかにやらなければならないものがあるのではないか。ただでさえ貧しい農業国なのだから、カネの使い道を考えなおそうとした。何にカネを注げば社会は発展するのか、と国会で話し合った。

その結論が「教育」だ。一人一人の国民が自分の頭で考え、自分で行動できる、そんな国民を育むことこそ将来の発展につながるのだと考えた。そこで決めたのが、ただ軍隊をなくすだけでなく、軍事費をそっくり教育費にまわすことだ。

そこから「兵士の数だけ教師をつくろう」というスローガンが生まれた。「トラクターは戦車よりも役に立つ」とも。先に挙げた「兵舎を博物館にしよう」というスローガンも、このとき生まれたのだ。このスローガンの後ろに「銃を捨てて本を持とう。トラクターはバイオリンへの道を拓く」という文章が続く。武器や戦車はものを破壊するだけだが、トラクターで畑を耕せば、農民もやがてはバイオリンを弾けるような豊かな生活を送ることができるという意味だ。平和を叫ぶだけでなく、バイオリンを挙げたところに民度の高さを感じさせる。

こうして平和憲法が作られた年から国家予算の3割が教育費に回った。一挙に教育が潤った。その分、福祉や医療にもカネが回った。しかも憲法78条により、教育費は国内総生産の6％を下回らないよう規定した。さらにその後、8％に引き上げた。

日本のようにすぐに統計が発表されるわけではないので過去の数字になるが、2014年度の教育予算は総予算の29・1％で、GDPの7・2％だ。福祉や文化費を含めると約50％になる。実際に支出された数字を見ると、発表された最新の統計の2009年の教育費は35・63％だ。

この結果、開発途上国で貧しいコスタリカなのに、幼稚園から大学まで教育無償を実現した。給食も無料だ。文字の読み書きができる国民の割合を示す識字率は２０００年の段階ですでに９５％と、開発途上国としては圧倒的な高さを誇った。

今の日本では、奨学金をもらわなければ大学に行けない学生がいる。しかも奨学金は卒業後に返済を迫られる。巨額な借金となって生活できなくなる人も多い。このどこが経済大国だろうか。開発途上国でさえできることが、なぜ大国の日本にできないのか。

カネがどれだけあるか、という問題ではない。何に使うかというカネの使い道の問題なのだ。ちなみに、同じく開発途上国のスリランカを私は２０１８年1月に訪れたが、この国でも幼稚園から大学まで教育は無料だ。戦後間もない時期から始まって今も続いている。しかも医療も無料だ。

コスタリカも医療費が無償だ。だから社会保障制度が整っていない米国から多数の人が移住している。日本からの移住者もいる。首都でたまたま出会った日本人の男性は、日本で退職したあと年金暮らしをしていたが、日本では生活費がすぐに消えていくのでコスタリカに移住したと言う。1か月に6万円ほどの収入の証明書があれば、だれでも受けいれるのだ。その男性は「首都郊外に広大な庭がついた一軒家を買って、晴耕雨読の暮らしをしています」と笑った。

〈小学生も違憲訴訟〉

日本でだれかが違憲訴訟に踏み切ったと聞けば、ずいぶん思い切ったものだと驚くだろう。だが、コスタリカでは小学生も気軽に憲法違反の訴訟を起こす。違憲訴訟の最年少は8歳だという。信じられない思いで最高裁判所を訪れ、子どもが訴えた違憲訴訟の例を聞いた。

小学校のそばにゴミが大量に捨てられた。臭くて落ち着いて授業を受けられない。そう思った生徒が「僕たちの学ぶ権利が侵された」と憲法裁判所に訴えた。最高裁は子どもの権利を認め、業者にはゴミを回収し不法投棄をやめるよう命じる判決を下した。

別の小学校では、校長先生が校庭に車を停めたために遊ぶ範囲が狭くなったと子どもたちが訴えた。最高裁の判決は、校庭は子どもたちが好きな時間に好きなだけ遊ぶ場所だと定義し、校長の行為は子どもたちが自由に遊ぶ権利を侵害したと認め、校長に対して校庭に車を止めないよう命じた。

日本では考えられない違憲訴訟だ。とはいえ、なぜ小学生が違憲訴訟を起こせるのか。小学生がなぜ憲法を知っているのだろうか。それはこの国の教育を見れば納得する。

コスタリカの小学校に入学した子どもたちは最初に「だれもが愛される権利を持っている。この国に生まれた以上、あなたは政府や社会から愛される」と教えられる。基本的人権を小学

1年生でもわかる「愛される」という言葉で習うのだ。しかも「もし自分が愛されてないと思ったら憲法裁判所に訴えて、政府の政策や社会のあり方を変えることができる」とも習う。

コスタリカの小学校への入学は6歳6か月だ。こんな小さいときに憲法違反の訴訟を起こすことができると教わるから、小学生が素直に違憲訴訟を起こすのだ。

もちろん小学生が憲法のすべてを学ぶのではない。人権という人間にとって最も大切な一点を学校生活の最初にしっかりと頭に入れる。政府や社会は一人一人の人間の人権を守るべき存在であること、おかしいと思ったら行動で訴えるべきことも、このときすべての子どもの心に根づく。

小学校1年の教科書には「子どもはみんな平等に扱われ、大人から愛され助けられ、絆を持つ家族に守られ、教育を受け、自由な時間を楽しむ権利を持つ」と書かれている。

それにしても……と疑問に思った。日本で憲法違反の訴訟を起こせばかなりの費用がかかる。子どもたちにどうしてそのような負担ができるのだろうか。そう聞くと、裁判所の担当官は「違憲訴訟は個人的な利益のためでなく、みんなのための訴訟です。その費用をどうして個人が負担するのですか?」と逆に聞かれた。驚くとともに、笑ってしまった。

その通りではないか。違憲訴訟は社会のために行うのだ。訴えた個人が負担するなんて、日本の制度の方がおかしい。考えてみれば納得するではないか。

もう一つ質問した。日本で訴訟を起こせば訴状を書かなければならない。小学生にそのようなものが書けるのだろうか?

職員は笑って言った。「訴状なんて、チョロチョロでいいんです」。私は食い下がった。「どのくらいをチョロチョロというのですか?」。別に決まった申請書があるのではない。書式もない。どんな紙でもいい。「ビール瓶のラベルをはがして、その裏に書いて出した人もいました。朝早く来た人が手に抱えていたフランスパンの包み紙をちぎって書いたこともありました」と言う。日本の最高裁にビール瓶のラベルの裏に書いて訴状として提出したら、受け取ってくれないだろうなあ……。

訴状に何が書いてあればいいのか。本人の名前と連絡先と、あとは訴えの概要がわかればそれで十分だと言う。それなら小学生でも書けるぞ。

違憲訴訟と言えば日本では垣根が高いが、コスタリカは違う。日本の常識が世界の常識とは思わない方がいい。

〈もしもし、憲法違反です〉

首都サンホセの中心部にそびえる白い高層の建物が最高裁判所だ。壁面の浮き彫りは「正義の女神」が天秤を頭上高く捧げており、裁判の公正さを表す。正面の入り口を入ってすぐ右の部屋は、違憲訴訟を受け付ける窓口だ。憲法に書かれた権利を侵されたと思った国民が駆け込む。私が訪れたときも３人の男女が訴えに来ていた。

建物の２階に、最高裁の裁判官２２人が全員集まって会議をする大議事場がある。広報担当であり憲法学者でもあるロドリゲスさんはにこやかに語った。「最高裁の事務は午前７時半から午後４時までですが、違憲訴訟の窓口は１日２４時間、１年３６５日、休みなく開いています」。この窓口は閉ざされることがないのだ。

自分の自由が侵されたとか人権が踏みにじられたと思うなら、だれでも違憲訴訟に訴えることができる。本人でなくても関係者でもいい。

家が遠い人はわざわざ裁判所の窓口に来なくても、電話で「もしもし、憲法違反です」と伝えてもいい。ファクスで送ってもいい。最近は携帯のメールでも受け付ける。その場合は訴えがどう処理されたかを裁判所から当人の携帯にメールで伝える。判決もメールで送られる。訴えるのは外国人でもいい。「だれであろうと人権を侵されたら、ここに来て訴えることができます」とロドリゲスさん。

子どもではなく、大人が訴えた例を聞いた。

おじいさんが薬局に薬を買いに行ったところ、その薬がなかった。このためおじいさんは薬局と国の薬事行政を相手取って違憲訴訟を起こした。

「薬がないくらいで違憲訴訟になるんですか?」。思わず私は叫んだ。ロドリゲスさんは「もちろんです。ちゃんと判決も出ています」と言う。

判決はこうだ。このおじいさんにとって、この薬がなければ憲法で定めた健康な生活は維持できない。したがって明らかな憲法違反だという。それを聞いて思いだすのは日本国憲法第２５条の生存権だ。すべて国民は健康で文化的な最低限度の生活が本来、保障されている。これと同じような条文がコスタリカにあるのだ。

判決は薬局に対して、おじいさんがいつ来てもこの薬が置いてあるように、その薬を常時置いておきなさいと命じた。それだけならまだわかるが、その次を見て仰天した。「おじいさんは全国どこに旅行するかしれない。全国の薬局にその薬がいつも置いてあるよう、国は薬事行政をきちんとやりなさい」という内容だ。私はそれを聞いてあ然とした。ここまで裁判所が一人一人の国民を思いやっていることに感動するではないか。

その判決に流れているのは「憲法に書かれた理想は、社会に実現されていなければならない」という強い意志だ。日本では憲法は「絵に描いた餅」のように思われ、憲法と異なる現実があってもあきらめてしまう。そしてふつうの国民、ましてや子どもが違憲訴訟に訴えるなど考えられない。ここが日本とコスタリカの大きな違いだ。

もちろん最高裁は重大な違憲判断も行う。国会で審議中の税制改革の法案が取り上げられ、正当な審議プロセスを経ていなかったと違憲判断が下ったこともある。

ゴミの不法投棄も、校庭の駐車も、そして薬局に薬がないことも、日本人の私たちの目から見れば「ささいな」ことのように思える。しかし、コスタリカでは権利の侵害はどんなわずかなことでも許さないという姿勢がある。

一見、訴訟社会のように見えるが、米国のような訴訟社会は自分の利益のために訴えを起こすものだ。これに対してコスタリカの違憲訴訟は社会の利益のためにあり、訴訟で勝っても訴えた人にカネは入らない。勝って得られるのは、自分の投じた一石が社会を一歩良くしたという満足感である。コスタリカでは社会のおかしな点に気づいた人が、そのつどこまめに違憲訴訟で指摘し、みんなの手でより良い社会を創ろうとするのだ。これぞ市民社会のあるべき姿ではないか。


〈人権は貫かれなければならない〉


いや、日本とはだいぶ違う。日本では国民は憲法を身近に感じていないと言ったら、ロドリゲスさんはこう語った。「コスタリカでもかつては、憲法は図書館に飾ってあるようなものとしか思われていませんでした」と。

市民が憲法を自分たちのものとして使わなければならないという考えが高まったのは、近隣の内戦を終わらせてノーベル平和賞を受賞したアリアス大統領の時代だ。１９８９年に憲法裁判所の制度が採用された。憲法をめぐる裁判を専門に審議する裁判所である。ドイツ型と呼ばれ、ドイツやフランスなどヨーロッパで一般的だ。日本はこれと違ってアメリカ型だ。

コスタリカの最高裁判所の中には４つの法廷がある。第1法廷は民事を、第2法廷は労働や家庭問題を、第３法廷は刑事を扱い、そして第4法廷がこの憲法法廷すなわち憲法裁判所だ。

憲法裁判所は７人の判事で構成される。持ち込まれる中で最も多いのが基本的人権の侵害を訴える「庇護《ひご》申請」だ。２０１４年はこれが９割を占めた。次に多いのが身体的な拘束や自由の保障で、１割近い。最後が狭義の違憲審査で１・５％だった。コスタリカでも国の政策に関する違憲訴訟はそんなに多くはないのだ。

とはいえ、ゴミの回収や車を停めたことくらいで違憲訴訟になるのなら、何でも違憲訴訟になりそうだ。いったい年間に違憲訴訟は何件くらいあるのだろうか。ロドリゲスさんは資料を見ながら答えた。「年々増えており、２０１４年の1年間だけで1万９４７０件でした」。なんと年間に2万件近くも違憲訴訟が起きるのだ。

とはいえ、このうち３９％は憲法とは関係がなかったり単なる個人的な争いだったりして、違憲訴訟にふさわしくないため受理されなかった。また、受理されたうち却下された事案が２９％あった。最終的に違憲と判断されたのは１９・７６％だ。

では、訴訟が提起されてから判決まで、どのくらい時間がかかるのだろうか。ロドリゲスさんはサッと資料に目を通して答えた。「2012年の記録では、訴訟が個人の身体の拘束に関わる場合は平均16日でした。庇護申請の場合は平均1か月と3週間で、重大な違憲判決は平均16か月と3週間です」。重大な違憲裁判もほぼ1年半でかたがついてしまう。

なぜこんなに早く審理が進むのか。まずは判断基準が明確なことが挙げられる。公の利益につながることなら取り上げ、個人的な利害に絡むものは退ける。最終的な判断をするのは裁判官だが、最初に訴状に目を通しておおよその判断をするのは弁護士資格を持つ60人ほどの専門家だ。これだけの人々を常時抱えているから、迅速な判断ができるのだ。

長年やっているうちに慣れてきたことも理由にある。憲法裁判所の制度が採用された最初の年の受付件数は365件だった。それから毎年約1000件の割で増え続け、裁判所もそれに応じて職員を増やすなど対応してきた。2010年にはコンピューターを取り入れ、訴えの内容や処置などをデータ化した。役所につきものの紙を使わなくなり、今では判事の採決もボタンで行っている。

それにしても、なぜ訴えの窓口をいつも開けておくのだろうか。

「基本的人権は常に守られなければならないからです」とロドリゲスさんは言う。「人間が自由を奪われるケースでは直ちに対応することが求められますから、即応できるようにしています。市民の人権を守るためには迅速な対応、迅速な回答が必要です」

こうしてコスタリカでは憲法の平和条項だけでなく、憲法のすべての条項を市民が活用するようになった。そこが日本とは違う。憲法が絵そらごとではなく、実際に国民の生活に適用されていると国民は感じている。憲法が国民のごく身近にある。

日本もコスタリカのように憲法裁判所の制度を採用すれば、基本的人権の考えが広がり、国民が憲法を活用する方向に向かうのではないか。それは無理なことではない。隣の韓国も以前はアメリカ型だったが、1988年に軍事政権から民主化したさいに憲法裁判所の制度を採用し、ドイツ型に変わった。コスタリカよりも1年早い。韓国の場合はこの制度の採用から22年で受理したのが約2万件だという。2016年に大統領を失脚させた際にも、憲法裁判所が機能を発揮した。日本だってできないことではない。

ロドリゲスさんは最後に「憲法とは何か」を明確に語った。「憲法は国民の権利を保障し、権力者の権力の及ぶ範囲を制限するものです」。そして著書をプレゼントしてくれた。『コスタリカ憲法の司法権』という冊子だ。彼自身がアメリカの大学で講義した内容をまとめたものだ。その中には「1859年のコスタリカ憲法で初めて庇護申請が明記された」と書かれている。この国の人権を守る姿勢は長い歴史があるのだ。

帰り際に憲法裁判所の窓口を見ると、来た時にいた男性の一人がなお粘り強く主張してい

大統領を憲法違反で訴えた訴状を手にするロベルト・サモラ君＝2004年、本人提供

た。

〈大統領を憲法違反で訴えた大学生〉

大統領を憲法違反で訴えて全面勝訴した大学生がいる。

２００３年に米国がイラク戦争をしたさい、当時のブッシュ米大統領は世界の首脳に対して米国の戦争への支持を呼びかけた。日本の小泉首相はすぐに支持した。コスタリカのパチェコ大統領も支持を伝えた。このため米国のホワイトハウスはホームページにある米国の「有志連合」のリストにコスタリカを加えた。

これに異議を唱えたのが、コスタリカ大学法学部3年だったロベルト・サモラ君だ。コスタリカの大統領が他国の戦争を支持するのは平和憲法に違反していると考えた。仲間に話すと賛成してくれる人はいたが、いっしょに行動しようという人はいなかった。そのため彼は2週間、勉強と調査をし、自分一人で綿密な訴状を書いて最高裁判所に提出した。「コスタリカ国民は平和主義に基づいて行動し、法と正義を尊重することを表明し、暴力と武力紛争から決別することを明確にしてきました。それが大統領のイラク戦争支持により侵されたのです」と。

これに対して政府側は「精神的な支援をしただけで、具体的に何かをしたわけではない」と主張した。法廷で主張を述べる日、サモラ君は守衛から入廷を拒否されそうになった。こんな若造が違憲訴訟の当人だとは守衛には信じられなかったからだ。判決が出たのは1年半後の2004年9月だ。裁判所はサモラ君の主張を全面的に認めた。私は判決の全文を取り寄せた。

「イラク戦争についての政府の行為は、憲法、永世中立宣言、我が国の非武装政策、国連、国際人権規約に違反するので無効とする。米国のホワイトハウスのホームページの有志連合のリストにわが国の名が載せられていることに対し、政府が必要な措置をとるよう指示する」

つまり政府のイラク戦争支持は憲法違反なので、無かったことにする。無かったことなのだから、米国に連絡してコスタリカの名を削らせるように、という内容だ。大統領は素直に決定に従った。米国政府もホームページからコスタリカの名をはずした。

そのニュースを知った時、私はロベルト君にメールを送って質問した。5時間後に地球の反対側から返事が来た。

イラク戦争を支持した政府の行為を知ったときどう思ったのか、という質問には「民主主義の理念を尊重しない、信じがたいことだと思った。我々は平和の国の国民であり、我が国にはだれかを殺すという考えがないからだ」という答えだ。

なぜ違憲訴訟を起こしたのか問うと、「民主主義国家、人権社会の一市民として、私を含めすべての人々が平和のうちに生きる権利を大統領が侵していると思ったから」と言う。違憲訴訟を起こすのに困難はなかったのかと質問すると、「別に難しいことは何もなかった。国の法律が認めているし」とこともなげだ。判決についての感想を求めると「喜んでいるし満足している。日が立つにつれて歴史的な判決を得た喜びが湧いてきた」と語る。

彼が翌2005年に日本にやってきた際に、社民党の土井たか子さんの事務所で彼に会った。私が「大学生が大統領を憲法違反で訴えるなんてすごいね」と言うと、彼は「コスタリカでは小学生でも違憲訴訟を起こしているのだから、大学生なら別に珍しくもありません」とあっさり言う。

彼は大学を卒業したあと弁護士になった。日本にもやってきて一時はNGOピースボートのスタッフにもなった。2017年1月に日本にやってきたとき、私は彼と都内のピースボート本部で対談をした。そのときに大統領を訴えたときの詳しい事情を聴いた。

彼はこう語った。「僕を見てくれ。当時も今も体重が55キロしかない。こんなやせてヒョロヒョロの僕が一人で、大統領を相手に違憲訴訟を起こすなんて、いかにも大それたことだと自分でも思った。友だちや教授に相談すると、『やめた方がいい』と言われた。でも、そのときに思ったことがある。憲法が危機に陥った時、国民には闘う責任があるということだ」

今の日本の状況に、そのまま当てはまる発言ではないか。９条が危うい今、私たちには闘う責任がある。

〈難民１００万人受け入れ〉

隣国ニカラグアとの関係で、今も引き続き影を落としている問題がある。内戦後のニカラグアの復興が遅れ、国内で生きていけない人々が経済難民となって国境を越え、コスタリカに押し寄せることだ。それも１００万人近い規模である。驚くことにコスタリカはそのすべてを受け入れている。しかも、３年住み続ければ、コスタリカの国籍を与えている。

このためコスタリカの人口はそれまで４００万人規模だったが、今では５００万人近くになった。国民の５人に１人が他の国の難民出身という、日本ではおよそ考えられない状況である。難民といえば日本では１家族を受け入れるにも大変な騒ぎとなり、政府は収容所に入れようとする。

日本ばかりではない。アメリカのトランプ政権はメキシコからの移民を送還し国境に壁をつくろうとする。長く移民を受け入れてきたヨーロッパでも、今は中東や北アフリカからの移住者を締め出し、難民の受け入れを拒む風潮だ。こうした中だけにコスタリカの難民大量受け入れの姿勢には驚く。

コスタリカ憲法第31条で「コスタリカの領土は、政治的理由で迫害を受けているすべての人々の避難所である」としてあらゆる亡命者を受け入れることを規定した。さらに33条で「すべての者は法の前に平等である。人間の尊厳に反するいかなる差別も許されない」として、外国人でも同じように扱うことを決めた。経済難民は政治難民ではないが、この考え方の延長の上で受け入れているのだ。

難民を受け入れる姿勢の根底にあるのが「だれも排除しない」という考えだ。これは高く評価すべきだ。難民の子どもたちの教育は、コスタリカの税金ですべて対応し、社会保障や医療もコスタリカ国民と同じにしている。

ともすれば排他的となりがちな日本から見ると、考えられないほど寛容だ。そのような発想をする国が同じ地球上にあるということを、私たち日本人は深く考えるべきではないか。

経済難民を大量に引き受けた結果、その中には仕事につけない人や犯罪者もいて、治安が悪くなっている。私がコスタリカに初めて入った1984年には、警官はこん棒しか持っていなかった。当時、周囲の他の国では拳銃どころか自動小銃を持っていた。そのくらいコスタリカは治安が良かった。しかし、今や警官が銃を持つようになった。

コスタリカを初めて訪れた日本人の中に、それを見て「コスタリカは治安が悪い」と決めつける人がいる。中南米の周囲の国に行ってみてほしい。コスタリカの治安が格段に良いことを知るだろう。犯罪が増えるのを承知で大量の難民を引き受けているこの国の政策を知れば、頭が下がるだろう。

〈世界一幸せな国〉

２０１４年に英国の民間財団が世界１５１の国の幸福度指数を発表した。「持続可能な幸福度」を測定し、「世界で最も幸せに暮らせる場所」にあげられたのがコスタリカだ。

幸福度のランキングは他にもさまざまな機関が行っている。国連が毎年発表する「世界幸福度ランキング」もあり、２０１８年3月に発表された1位はフィンランドだった。上位に北欧の国が並び、ここではコスタリカは１３位だ。開発途上国では1位である。しかも１５位のドイツや１８位のアメリカより上だ。日本は５４位でしかない。

２０１５年にコスタリカを訪れてエコツアーをした際のガイドは日本人の青年だった。コスタリカ女性と結婚してコスタリカに住んでいる。彼は自分から「この国に住んで幸せだ」と言い出した。「家族の間で人権について話し合うほどの人権先進国だし、病気になっても心配ないし、障害者があちこちで働く温かい社会だし。子どもの体調がよくないと職場で言えばすぐに早引けさせてくれる」と理由を挙げる。

そう語ったあと彼は突然、ツアーのバスの運転手に「あなたは幸せですか」とたずねた。運転手はすぐに「もちろんだよ。なぜって軍隊がないし、私たちは平和を愛しているからね」と言った。

これがきっかけで、旅のあいだ、いろんな人にこの質問をぶつけた。だれもが「ええ、幸せです」と即座に答えたのには正直、驚いた。

最高裁判所の広報官のロドリゲスさんは「もちろん幸せです。人生の目的を達成しているから。もちろん社会にはなお問題があり収入も高くはないけれど、この国の人生はシンプルでいろんなサービスも受けられるし、好きなことをやれる」と話す。

公教育省の女性職員グロリアさんは「ええ、私は幸せ。この国は貧しい中南米にあるのに、早くから電気もついたし社会保障が完備している。高い社会保障費を払っているけれど、その制度を担うのがコスタリカ人のアイデンティティだと思う。優れた制度をみんなで保っているという一体感がある。毎日、安定した生活ができることを幸せと呼ぶなら、私はとても幸せです」と断言した。

単に幸せな社会にいるというだけでなく、幸せな社会を自分たちで創り上げて保っているという意識があるのだ。

現在のコスタリカ政府に批判的な人にも聞いた。大学教授のチャコン氏は「私は幸せです。人の温かさに触れたとき、そう感じる」と語りつつ、「ここ30年ほど、米国流の新自由主義の経済が広まって少数の人だけ利益を受けるようになった。機会の平等が損なわれたら、国民は幸せじゃないと感じるようになるだろう」と指摘した。

彼が言うように、今のコスタリカが何もかもそろった天国ではない。コーヒーやバナナなどの農業とエコツアーなどの観光が主体の経済では、大きな収入は得られない。アメリカが近いためグローバル経済に巻き込まれ、築き上げた北欧型の福祉社会が壊れる恐れもある。

コスタリカで麻薬犯罪があると悪口を言う人がいる。中南米の麻薬は主にコカインで南米コロンビアからアメリカに運ばれている。コスタリカは途中の運搬ルートに当たるのでマフィアも暗躍する。それをもって「麻薬天国」というのは、一部の日本人が覚せい剤をしているのを指して日本人みんなが覚せい剤に汚染されているというようなものだ。

コスタリカの沖合を南米からの密輸船が通る。これを取り締まるアメリカの沿岸警備隊の艦船がコスタリカの港に入る。水や食料の補給のためだ。そのためにコスタリカとアメリカが協定を結んだ。これをもってコスタリカはアメリカの軍隊に基地を貸しているというバカな話を流す人がいる。米軍基地なんてコスタリカにない。人道的な見地から水や食糧の補給を許可しているのだ。しかも米国の艦船がコスタリカに入港する際は、そのつどコスタリカに申請して許可を受けなければいけない仕組みだ。ここでもきちんと米国から自立している。日本政府の姿勢とは大きく違う。

コスタリカについてはほかにもたくさん学ぶべきことがある。日本の文科省に当たる公教育省を訪れて教育の方針を聞くと「教科書をなるべく使わずに教師自身が教材を作って教えるように指導している」と言われたし、環境では世界に誇る環境国家を実現した。詳しいことは『凜とした小国』（２０１７年、新日本出版社）に書いたので、そちらを参照してほしい。

〈純粋な人生〉

コスタリカのことをあちこちで話すと「コスタリカだって悪い面があるだろう」といきり立つ人がいる。その通りだが、私はなにもコスタリカの宣伝をしているのではない。憲法を活用するという点で、コスタリカの良い面を参考に取り入れようと言いたいのだ。

素晴らしい国があるとすぐに否定したがるのが日本人の悪い癖だ。自分のところが一番だと信じたいのだろう。日本が一番で途上国はすべてダメな国だと否定する向きもある。そのような思考をしている限り、社会に発展性はない。

日本は経済大国とよく言うが、私たちは幸せだと胸を張って言えるだろうか。差別があり、いじめがあり、貧困層が増え、生きるのに辛いのが今の日本ではないか。もっと良い国があれば模範にして、日本をさらに良い国にすればいいではないか。

日本人には独創性の才能はあまりないけれど、他の良いものを真似てもっと良いものにする能力がある。スイスの時計を改良して世界一の時計を、ドイツのカメラを真似てさらに優れたカメラを、アメリカの車からそれ以上の自動車を世界に出した。だったら憲法でコスタリカの良い点を取り入れて、日本を世界一の憲法国家にしようではないか。私たちには、できるはずだ。日本を「世界一、幸せな国」にすることだって、できるはずだ。

それを保障しているのが日本国憲法だ。

コスタリカではあいさつのときに「プーラ・ビーダ」と呼びかける。スペイン語で「純粋な人生」という意味だ。朝も昼も夜も、この言葉を相手に言う。いいではないか。こんな風に言われたら、純粋に生きようという気持ちになるだろう。

私がそれを強く感じたのは、２００１年に特派員としてアメリカに赴任し、２００４年に帰国したときだ。日本の社会が目に見えて変わったのに驚いた。２００１年の段階では、夕方になって職場を出るときに「お疲れさま」と言っていたが、２００４年には朝出勤したときから「お疲れさま」と言うようになっていた。この3年間、日本は急速な民営化の時代にあった。全国的に疲れる社会に一変したのだ。

ここからブラック企業も当たり前になったし、低賃金や賃金の格差が広がった。残業で酷使されてフラフラになり自殺する若者も出た。今やどこの街の駅前にもマッサージや整体の店がひしめく。それほど日本人は疲れを強いられているのだ。

そんな中だけに、コスタリカの「純粋な人生」というあいさつ言葉がまぶしく思われた。私たちも純粋な人生を過ごそうではないか。国がおかしな制度を強いようとするなら、闘おうではないか。そのとき私たちには、憲法がある。ただ生きるだけが人生ではない。憲法を活かして「幸せに生きる日本」にしようではないか。

3　世界は憲法を使っている

憲法というと、日本では市民と縁遠いものと思われている。学校できちんと習ったかどうかさえおぼつかない。だが、世界は違う。普通の市民が何かあれば、憲法を持ち出す。いや、日常的に一般の国民が憲法を使っている。

〈憲法を買う若い母〉

南米のベネズエラは、いま、ハイパーインフレなど多くの問題を抱えているが、私が取材した当時は〝凜とした小国〟だった。２００２年にこの国でクーデター騒ぎが起きたので取材に行った。首都カラカスを歩いていると、道に露店が並んでいた。石畳の道に人々がズラリと列を作って座り、せっけんやカミソリなどの日用品を売っている。

その中に本屋があった。広げた段ボールの上に小さめの本を20冊くらい並べて売っている。何の本だろうと表紙を見て驚いた。憲法だ。ベネズエラの憲法を記した小冊子を上製、並製、粗製の3種類、道端で売っているのだ。上製といっても日本円にして300円くらいでしかない。粗製は50円くらい。なにせ道端だ。

それにしても……「憲法なんて、道端で買う人がいるのだろうか」と首をかしげた。でも、売る人はこの仕事でメシを食っているのだから、買う人だっているはずだと思い直した。しばらくその場にじっと立って買う人が来るまで待った。

間もなく、赤ん坊を抱いた若い母親がやってきて憲法を1冊、買った。立ち去る彼女に私は後ろから声をかけた。「あの～、そんなもの買って、どうするんですか?」と。

彼女は「この、バカヤロウが」という顔でしばらく私を見つめ、こう言った。「憲法を知らないで、どうやって生きていけというの。憲法を知らないで、どうやって闘えと言うの」

驚いた私は、あらためて「それは、どういう意味ですか」と聞いた。彼女は言う。「赤ん坊の医療や福祉のことで役所に行くけれど、職員の対応がひどい。そんなときに憲法が役に立つ」と。

この国にも生存権や基本的人権をうたう憲法の条文がある。役所で冷たくあしらわれた時、彼女はバッグから憲法の小冊子を取り出して、該当する条文をその場で声高く読み上げるのだ。そのうえで小冊子を役人の眼前に突き付け、「これを実現するのが、あなたの役割でしょう」と指摘するという。まるで水戸黄門の印籠《いんろう》のように、文字通り憲法を使うのだ。

「これまでは友だちの憲法の本を借りていたけど、これからも役所に何度も通いそう。だから自分の憲法を買わなきゃと思って、さっき買ったの。それが、何か？」と彼女はこともなげに言う。

私が「いえいえ、よくわかりました。何の疑問もありません」と答えると、彼女はまた「この、バカヤロウが」という目を見せ、スタスタと行ってしまった。

普通の市民が普段から憲法を使う。それがこの国の常識なのだ。日本ではそのような発想がないばかりか、憲法は国民を縛るものだと誤解されて、憲法を知ろうともしない。

いやいや憲法が縛るのは政府や公務員だ。国民にとって憲法は、使うべきものである。それも国の政策がどうこうという大それた話ではなく、ごく日常的に、だ。そう、世界の人々は憲法を日常的に活用している。

〈米袋にも憲法〉

ベネズエラでは1999年にチャベス政権が誕生してから、貧富の格差をなくす社会運動を繰り広げてきた。その現場を見ようと2010年、貧しい人々が住む首都のスラムを訪れた。すぐにも壊れそうな家、屋根もない小屋など平屋建てばかりの中に、ひときわ目立つコンクリートの2階建てがあった。住民が自分たちでスラムを改善するための自治センターだ。以前は、住民の暴動を鎮圧するための警察署だったという。住民の管理・統制から住民の活性化へ、目的が正反対になったのだ。

1階はスーパーだ。このスーパーは、街の普通のスーパーと比べて、同じ商品が4割安い。スラムの住民は貧しいので、街中と同じ値段なら住民が買えない。だから値段を下げた。たとえば一般に100円で売るペットボトルを、このスラムのスーパーなら60円で買うことができる。安くした4割分は政府が負担する。貧しい人の生活を底上げして社会を改善しようという発想だ。

日本ではアベノミクスで、まず大企業を優遇し、一般国民にはおこぼれを施そうという考え方だが、こちらは発想が逆だ。まずは貧しい人が生きて行けるようにしようという、底辺から底上げする発想に立っている。上からの目線でなく下からの目線に立ったやり方だ。

憲法の条文を書いた米の袋
＝ベネズエラのカラカスで

スーパーに入ると、棚に米の袋があった。ビニール袋の表に文字が印刷してある。憲法だ。商品に憲法が書いてあるのだ。この国では国民も憲法を使うが、政府も国民に憲法を知ってもらおうと努力をしているのだ。

印刷されているのは憲法第３２６条だった。「国家の安全保障は国と市民社会との協調の上に成り立つ。その基本的な考え方は独立、民主主義、平等、平和、自由、正義、連帯、環境保全、人権の保障である」。ベネズエラの人々は毎度、食事をつくるたびに、この条文を読むことになる。

２階に上がると、手前の小さな部屋は何かの事務所のようだった。ゲバラのような髭をはやした男が一人、ポツンと座っている。ここは銀行だった。その名を「民衆銀行」という。金庫が置いてある上の壁にはゲバラの顔の絵が貼ってある。

この銀行は貧しいスラムの住民が対象だ。何か仕事を始めたいと考えた人に起業の資金を貸す。ベネズエラでも日本と同じで、市中銀行は一般市民には資金を貸そうとはしない。ましてやスラムの貧しい住民にカネを貸す銀行はない。スラムの住民は仕事をしたくても元手がないから生活を改善する手立てがない。この悪循環を断ち切るために、その日の暮らしにも困っているスラムの住民に仕事を始めるための元手を提供するのがこの銀行だ。

「昨日はスラムの女性が来て、花屋を始めたいというので相談に乗った」と髭の男は言う。「これまでの経験から、花屋を開くのに店の運営のアドバイスをし、必要な資金を貸し付けた。市中銀行は金利が年に２３％だが、うちは６％だ。しかも返済期間は普通は１年なのに、うちは３年にして借り手が借りやすくしている」

２階の奥は自治センターの集会所だった。運営しているのは住民評議会という自治組織で、代表は女性だ。スラムを自分たちの手で住みよい場所にするために、ことあるごとにスラムの人々がここに集まって討論しながら決め、決めたことは即座に実行するという。参加型の民主主義を進めているのだ。その際になにかと使うのが憲法だ。憲法に書かれた理想的な社会を実現するためにみんなで力を合わせようという発想をし、実際にその目標に向かって実践している。

こうしてみると、憲法が市民のごく身近にあることがわかる。憲法は床の間に飾ったり金庫にしまったりするものではない。ふだんから使うものだ。日本人は貴重なものだと思えば、すぐにどこかにしまいたがる。

私たちも憲法をふだんから使おうではないか。そっけない役所の対応にあとでぶつくさ言うのではなく、憲法の小冊子を持っていき、その場で憲法の条文を高らかに読み上げて「それがあなたの役割でしょう」と言ってみよう。痛快ではないか。それがごく普通の光景になれば、日本の社会も変わるだろう。

〈たった一人の闘い――米国〉

2001年9月1日付で私は朝日新聞のロサンゼルス支局長としてアメリカに赴任した。ニューヨークで9・11のテロが起きたのは、その直後だ。

アメリカのテレビには討論番組が多いが、この日もやっていた。画面の檀上にずらりと人々が座り、その前で司会者が「わが国がテロを受けたことについて、どう思いますか?」と質問すると、多くの手が上がった。出された意見の大半は「これまで米国は世界でひどいことをしてきた。その仕返しを受けているのだ。この際、我々は反省すべきだ」というものだった。アメリカ人はけっこうまともじゃないか、と思った。

翌日の新聞にも、いわゆる進歩的な知識人のそのような意見が載った。しかし、その翌日からは、そんな意見はまったく載らなくなった。「我々は被害者なんだから反省などする必要はない。仕返しと復讐《ふくしゅう》あるのみだ」という論調だけだ。3日もたつと完全に愛国社会になった。テロから3日目にブッシュ大統領は「戦争する権限を大統領に一任する法案」を議会に出した。テロを起こした相手に直ちに報復するため、という理由だ。

だが、これは民主主義を破壊する道だ。たった一人の権限で戦争が始まるなら、世界は戦争だらけになる。それを防ぐために、たとえ大統領が戦争をしようと決意しても議会の承認がなければ戦争に入れない。それが民主主義社会の仕組みだ。

これに対して、愛国心で狂気のようになった米国議会は、なだれをうったように呼応した。上院は満場一致でこの法案に賛成した。ところが、下院ではたった一人だけ反対した議員がいた。野党である民主党の黒人の女性議員、カリフォルニア州選出のバーバラ・リーさんだ。

驚いた。こんな時期に反対すれば国民の怒りを買うのは明らかだ。非国民と扱われかねない。野党で黒人で女性といえば、最も弱い立場である。ふくろだたきになりかねない。

事実、彼女は世間から猛烈にたたかれた。「直ちに議員をやめろ」「アメリカの国籍を棄てて国境から出て行け」と罵倒された。もう二度と選挙で当選できない、いや立候補すら無理だと言われた。

こんなとき普通なら謝ったり逃げたりするだろう。彼女は逆だった。自分から人前に出た。反対した理由を説明するため、公開の集会を開いたのだ。

それは命がけの行為である。米国では市民が銃を持っている。人前に身をさらせば銃撃される可能性がある。これまでも多数の政治家が暗殺された。彼女の行為は、銃口に身をさらすことになる。命を捨てる覚悟がなければできないことだ。

ロサンゼルスで説明集会が開かれた。私が行ったとき会場は200人の市民で埋まっていた。登壇したリーさんは果敢な行動とはうらはらに、小柄できゃしゃな女性だった。彼女は気負うことなく、投票当日の行動を淡々と語った。

「あの日、私は議会の部屋で米国の憲法を読み返しました。議会の役割とは何かを考えながら読み進めるうちに、思い出したのがベトナム戦争です。あの戦争が泥沼にはまったきっかけは、トンキン湾事件です。米国の軍艦が北ベトナムから攻撃されたことへの報復として米軍は北ベトナムを爆撃しました。それがエスカレートして、歯止めのない戦争に発展したのです。ところがこのトンキン湾事件は、アメリカ政府がでっち上げたウソでした」

「大統領が国民をだまして戦争に突入し、その結果、米国の若者5万8千人が戦死しました。大統領に全権を渡せばまた同じようになります。今こそベトナム戦争の教訓に学ぶべきです。憲法は議会が行政を監視するよう求めています。私は憲法に従ってこの法案に反対すべきだと確信し、反対の1票を入れました」

彼女がそう話すと、参加者たちはいっせいに立ち上がって拍手した。最後列で聴いていた私は思わず通路を走った。舞台の真下まで行くと、壇上の彼女に質問した。

「今のお話で、なぜあなたが反対の1票を入れたかよくわかりました。しかし、いくら確信を持っていても、反対すれば全米から非難されるとわかっていたはずです。議員の中には、あなたと同じように考えても、バッシングされたくないから賛成票を入れた議員だっているでしょう。降りかかる非難を承知のうえで反対するには勇気が必要です。あなたの勇気の源は何ですか」

筆者の質問に壇上から答えるバーバラ・リー議員
＝2001年、ロサンゼルスで

彼女は壇から身を乗り出して答えた。

「私はあえて勇気を奮い起こしたのではありません。憲法が議員である私に何を求めているか。それだけを考え、憲法に沿って行動したまでです」

憲法に従って行動する。簡単なようだが、だれにでもできることではない。そばに並ぶと彼女は身長160センチもなく、やせている。こんなきゃしゃな女性が全米を相手に、たった一人で闘っていることに感動した。彼女を支えていたのは、自分こそが米国の憲法を守っているという確信だった。

1年後、まだ米国が愛国ムード満々の中、彼女は改選の選挙に立候補した。勝てるわけがないと思っていた私は、開票された数字を見て目を疑った。彼女は対立候補の4倍の票をとって圧勝したのだ。

日本に記事を送りながら思った。筋を通すのが正しいと思っていても、孤立したくないし非難されたくもないと考える人は多いだろう。そんなときはリー議員を思い出せばいい。全米を相手にたった一人で暗殺の脅迫にもめげず敢然と闘った彼女に比べれば、日本の社会で孤立することなど何でもない、と。

その後、ブッシュ大統領の共和党は選挙で敗れ、米軍はイラクから撤退した。米国は変わった。いや「変わった」のではない。リー議員のような勇気ある人たちが「変えた」のだ。変える人がいたから変わったのだ。

〈抵抗する義務〉

組織の中では上司に従うしかない、とあきらめてはいないだろうか。そう考える人に知ってほしい。厳しい階級社会の軍隊で、憲法を根拠に上官の命令を拒否した軍人がいた。イラク戦争中の米国だ。

日系人のアーレン・ワタダ中尉が軍人になったのは９・11のテロがきっかけだ。「祖国に奉仕したい」と自ら志願して入隊した。優秀な成績を修めて間もなく将校に昇進した。

イラク戦争が始まると、直ちに現地で戦いたいと申し出た。だが、イラクの現実をインターネットなどで調べて驚いた。米軍はイラクの市民を無差別に殺していた。

これは政府が言うような正義の戦争ではなく、米国の憲法にも国連憲章にも違反している違法な戦争だと彼は確信した。民間人を殺害せよと命じる政府に対しては抵抗しなければならないと思った。

第２次大戦のあとの東京裁判が頭をよぎった。侵略は平和に対する罪だ。今、米国はイラクを侵略した。違法な戦争に参加して部下の兵士に命令を下せば、自分が戦争犯罪に加担することになる。そう思って仲間に相談すると、みんなはそんなに深刻に考えていなかった。「軍人になるときに忠誠を誓ったからには、なんであろうと大統領の命令に従うべきだ」と言われた。彼は反論した。

「私が忠誠を誓ったのは憲法だ。大統領ではない。違法な戦争を政府が行っているのなら、それに対して抵抗することが軍人の義務だ」

彼はさんざん悩んだ末に決心した。「思っていることを、そのまま言えばいいのだ」

イラク戦争に行くことを拒否したため軍法会議にかけられたが、彼は憲法をたてに正当性を主張した。陸軍士官学校の教官は法廷で「軍人とはいえ、判断が正しければ違法な命令に従う義務はない」と証言した。

抗命とあれば重罪の判決が下るのが軍法会議だ。だが、裁判官は審理無効を宣言した。軍は結局、ワタダ中尉を不名誉除隊という処分で軍から追放するだけにとどまった。

一般の兵士でも戦争に疑問を持った者は多い。米軍によるアフガン攻撃の際、洋上からミサイルを撃ち込んだ米駆逐艦の乗組員もその一人だ。

攻撃が終わったとき、駆逐艦にアナウンスが流れた。「今回の戦闘で唯一、目標に命中したのは、我が艦のミサイルだった」。同僚たちは喝采した。しかし、この乗組員は疑問に思った。「目標に当たらなかったミサイルは、どこに命中したのか」と。

他のミサイルは学校や病院、民家に落ちてテロとは無関係な市民を殺傷していた。この戦争が彼には疑問に思えた。駆逐艦が母港、横須賀の基地に帰ったとき、基地周辺で日本人が反戦のプラカードを掲げて抗議しているのを見た。日本は米国の戦争に賛成していると聞かされていただけにショックだった。

次にはイラク戦争に派遣されることになった。彼は「この戦争に大義はない。私は行かない」と宣言した。駆逐艦が基地を出港するとき、彼は乗船を拒否した。

彼もまた軍法会議にかけられた。判決は3か月の重労働だった。だが、裁判官の一人は「私は合衆国によるユーゴ、アフガン、イラクに対する戦争がいずれも違法だったと兵士が確信すべき合理的な理由があると信じる」という声明を公表した。

イラク戦争の際には米国史上初めて、戦争が始まる前に反戦デモが行われ、全米で100万人以上が参加した。ロサンゼルスでのデモには、反戦兵士が軍服のまま参加していた。組織の人間だからといって上司の命令のままに動くのは、人間性を放棄することだ。大切なのは自分で調べて自分で考え、自分で判断することだ。自信がもてないとき、憲法という拠り所がある。憲法を味方にできる。

〈獄中のタイプライター〉

1980年代、南米チリは軍事政権下にあった。この国では1970年に選挙で社会党員のアジェンデが大統領に当選した。だが、3年後に軍事クーデターが起きて政権は転覆し、以後は陸軍のピノチェト将軍による軍事独裁が続いた。

強権的な恐怖政治の下、政府に反対する者は逮捕されて赤道に近い砂漠や南極に近い無人島の収容所に送られ、多くが病気や拷問で亡くなった。新聞やテレビは検閲されて、政府を批判する意見はマスコミに載らなくなった。国民は沈黙した。だが、クーデターから10年すると、民主化を求める国民抗議行動が起きた。その模様を取材するため、抗議行動のたびにチリを訪れた。

軍政下にもかかわらず、首都中心部の広場で民主化を求める集会が開かれた。郊外のスラムでは住民が道路に古いタイヤなどでバリケードをつくって封鎖しデモをした。軍政は鎮圧の兵士を派遣したが収まらなかった。抗議行動はしだいにエスカレートした。

やがて政府は戒厳令を敷いた。首都の街頭に戦車が出動し、交差点には自動小銃を水平に構えた完全武装の兵士が立った。ものものしい街を歩いたとき、雑誌を売るキヨスクを何気なく見て驚いた。反政府行動の写真を表紙に掲げた雑誌が置いてある。

クーデター以来、新聞も放送も出版物も、すべて検閲されている。軍政を批判するニュースなど報道されないはずだ。ところが、民主化を求める雑誌が目の前で堂々と店頭に並んでいる。信じられない思いがした。雑誌を買ってページをめくると、これまでの反政府行動の様子が写真入りの記事で載っている。

巻末の住所を頼りに、編集部を訪ねた。郊外の一軒家だ。看板もなにもない。前の道路を警察の車が行ったり来たりしている。ベルを押すと中年の女性が出てきた。ここが出版社であることを確認したあと、「編集長にお会いしたい」と申し出た。彼女は「編集長は警察に逮捕されて、投獄されています」と言う。「では、副編集長を」と請うと、「私です」と言う。モンケベルクさん。４１歳で５人の子の母親だ。中にいれてもらった。壁は軍政を批判するポスターだらけだ。

軍政の、しかも戒厳令下で、なぜこんな雑誌が出せるのかと質問すると、彼女は答えた。「わが国の憲法には、チリは民主主義共和国であると書かれています。民主主義の下では出版の自由があるはずです。現実には出版の自由がないので憲法違反だと訴えました。最初は負けましたが、負けても、負けても次々に訴訟を起こし、国際社会にも訴えて、ついに軍政に認めさせせました」

この憲法は、軍事クーデターのあとに、軍事政権下でつくられた憲法である。軍政なのに、建前としては「民主主義」を名乗る。今や、軍事政権でも民主主義と名乗らざるをえない時代に私たちはいるのだ。モンケベルクさんたちは、それを逆手にとった。こうして印刷された反政府雑誌が店頭に出る。だが、軍政側はすぐに店をまわって行政権限で回収する。そのわずかの間だけ店に雑誌が並ぶのだ。

私は「軍政下で反政府雑誌を出して、大丈夫なのですか」と聞いた。彼女は「大丈夫じゃないから、編集長が逮捕されたんです」と答えた。ああ、そうだった。戦時中の日本の特高警察の拷問で虐殺された小林多喜二を思い出した。私は「編集長は獄中でどうしているのですか。拷問されていませんか」と質問した。彼女は言った。「うちの編集長はタイプライターを差し入れさせて、獄中で次の号の記事を書いています」と。それを聞いて心底、驚いた。

「日本の軍政下ではそんなことは考えられなかったことです。どうしてそんなことができるのですか」と重ねて質問すると、彼女は言った。

「だから言ったでしょう。私たちの国は民主主義共和国だと憲法で規定しています。憲法に訴えるのです。被疑者は差し入れを要求する権利がある。拒否されるたびに主張し、主張し、法廷闘争を何度も起こして、ついに認めさせました」

編集部を訪ねた2か月後、この雑誌の国際部長が軍部に虐殺された。それでも彼らはめげなかった。どんな状況でもあきらめない、したたかな市民の闘いの見本がここにある。自由な言論と民主主義の回復のため、チリのジャーナリストは軍政下でも沈黙せずに闘った。その手段として憲法を最大限に使ったのだ。

民主化したあとのチリを訪れて書店に入ると、素朴な装丁の薄い本が目についた。表紙には男が警察に連行される写真とともに「ピノチェトに　ＮＯ」という文字がある。著者の名を見て、思わず声を上げそうになった。

著者は、獄中でタイプライターを打った反政府雑誌の編集長カルデナス氏だ。表紙の男である。彼が獄中で書いた雑誌の社説をまとめたのがこの本だ。

今の日本では軍政下でもないのにジャーナリストが自粛している。せっかくの憲法を使いもしないでいるのは、民主主義を自ら放棄するものだと、彼らは思うだろう。

そう、憲法はただ「ある」ものではない。「使う」ことで初めて意味を持つものである。

〈憲法で原発を禁止〉

日本では原発が大事故を起こしながら再稼働させているが、世界は違う。ヨーロッパのオーストリアは憲法で原発の建設を禁止した。

首都ウイーンから西北西に３７キロ行ったドナウ河の南岸に、ツヴェンテンドルフという人口４千人足らずの小さな村がある。１９７７年、ここに高さ１１０メートルの換気塔を備えた原発が造られた。

完成する直前、稼働に反対する市民運動が起きた。ただでさえ安全性に疑問があるのに、ドナウ河が氾濫したら大きな事故になる。さらに放射性廃棄物をどう処理するかも決まってない。このため稼働するかどうかをめぐって1978年11月に国民投票が行われた。

その結果は反対が50・5%で、わずかとはいえ過半数を占めた。このため1200億円の巨額をかけて建設した原発は、一度も使うことなく廃炉と決まった。

これを受けて議会では原子力禁止法が全会一致で可決された。ツヴェンテンドルフ原発への運転認可を取り消し、他の原子力発電のプロジェクトも破棄された。

それだけではない。

1989年のベルリンの壁の崩壊を機に、中立国のオーストリアも北大西洋条約機構(NATO)に加盟しようという声が保守派から出た。そうなれば外国の核兵器が持ち込まれるかもしれない。

市民から起きた懸念の声は、原発も核兵器も完全に禁止する条文を憲法に盛り込む市民運動に発展した。その結果として1999年、憲法に3つの条文が入った。

「核兵器を国内で製造、保有、運搬、実験してはならない」「原子力発電所を国内で建設または稼働させてはならない」「核物質を国内で運搬してはならない。特段の平和目的がある場合は例外とするが、それも核分裂エネルギーの製造の目的であってはならない」

こうしてオーストリアは、世界にも稀な非核・反原発国家となった。市民による下からの変革が社会や国を変えたのだ。

では、ツヴェンテンドルフ原発は今、どうなっているのだろうか。建物と敷地に１０００枚を超す太陽光のパネルが取り付けられた。原発が太陽光発電所に生まれ変わったのだ。

福島原発の事故からわずか2か月後の２０１１年5月、オーストリア政府は他の欧州諸国に呼びかけて「反原子力会議」を発足させた。そこで採択したのが欧州全体の脱原発を掲げた「反原子力宣言」だ。市民の動きは欧州全体を動かそうとしている。

オーストリアと日本の違いは、国民投票の制度があるかどうかだ。

オーストリア憲法４３条は「法案は必要に応じて国民投票に付すことができる」とうたう。政治を国会に任せるだけでなく、賛否が分かれるような重要事項については国民自身の直接投票が行われる仕組みだ。

イタリアはさらに進んでいる。有権者５０万人以上の署名が集まれば国民投票を実施でき、投票率が５０％を超えれば成立して、法律を廃案にしたり削除したりできる。たとえば秘密保護法が国会で通っても、国民投票で廃棄できる。

福島原発の事故の３か月後、イタリアでは市民の要求で国民投票が行われ、凍結していた原発の再開を決める法案に９５％が反対した。保守派による議会の決定は覆され、新たな原発は建設せず、すでにある原発は稼働しないことになった。

日本では政府や国会がなにか決定すれば、それで終わりだと思われがちだ。次の選挙まで待つしかないとあきらめる。しかし、世界にはこうした市民の声で国政を変える直接選挙の仕組みがある。日本でもこのような制度をつくれば、小選挙区制にのっとって生まれた政府が勝手なことを決めても、国民の力で変えることができるのだ。

〈国はあとからついてくる〉

他の国だけではない。日本でも憲法を実践しているところはある。

岩手県西和賀町《にしわがまち》の一部は、かつて沢内村と言った。冬は3メートルの雪が積もって村から外に出られない。極貧のため病気になっても治療費が払えず、医者にかかれるのは死亡診断書を書いてもらうときだけ。しかも無医村で、病院に行くにも遠い町に行くしかなかった。豪雪と多病多死と貧困で全国最悪だったのがこの村だ。

それが憲法の理念を活かして日本最高の自治体に生まれ変わった。成し遂げたのは「生命村長」と呼ばれた深澤晟雄《ふかさわまさお》氏と彼に呼応した人々だ。

深澤氏が村長になった1957（昭和32）年、乳児死亡率は全国平均の2倍だった。全世帯の1割が生活保護を受けるほど貧乏だった。老人は家計に負担をかけたくないため、病気になっても医者にかかろうとしなかった。昭和の時代、それも戦後なのに村をあげて姥捨山《うばすてやま》のような状況だったのだ。

深澤村長はまず乏しい予算からブルドーザーを買って除雪し、冬季の交通を確保した。これで冬でも村の外に出られるようになった。採用した保健師３人は雪に腰まで埋まるほどの深い山を歩いて民家を一軒一軒訪ね、生まれたばかりの乳児の健康を指導した。この結果、沢内村は全国の自治体で初めて乳児死亡率ゼロを達成した。

立派な村立病院を建て、東北大学に日参して優秀な医師を招いた。老人が安心して病院に行けるよう、６５歳以上の医療費を無料にした。

このとき岩手県庁から待ったがかかった。国の法律では７０歳以上が無料なので、村がやろうとしていることは法律違反だというのだ。

ふつう村は県の指導に従うが、深澤村長は違った。県に対して毅然と主張した。「我々は憲法の生存権を実現する。国はあとからついてくる」と言って、方針を変えなかったのだ。

憲法２５条は「すべて国民は、健康で文化的な最低限度の生活を営む権利を有する」とうたう。沢内村は人間の命の尊厳を守るために国や県の権威をものともせず、憲法を根拠に闘った。

深澤村長は自らの健康を顧みず村人のために働き、がんに侵されて亡くなった。村人たちは猛烈な吹雪の中、総出で列をなして泣きながら、棺を乗せた車を出迎えた。

今も西和賀町を訪れると、奥地にしては驚くほど立派な病院が建っている。病院の前には深澤村長の資料館とともに「老人医療無料診療発祥の地」の記念碑が立つ。２０１２年には「乳児死亡率ゼロ５０周年の集い」が資料館で行われた。

このように日本でも憲法を活かして、だれもが安心して生きて行くことができるようにした自治体がある。要は、憲法を活かそうとする意志があるかどうかだ。活かせば使えるのが、私たちの日本国憲法である。

第3章　社会は変えられる――「15％の法則」

1　悪政を覆す方法

みんな、心の中であきらめてはいないだろうか？　集会やデモなんかやっても無駄だ、どうせ選挙では過半数を取れないし、何をやっても政治は変わらない……と。

いいや、選挙で過半数を取るにこしたことはないが、そこまで必要ではない。そして選挙まで待つ必要もない。15％の人々の行動で、世の中は今すぐにでも変わっていくのだ。

私は1984年から中南米特派員を手始めにヨーロッパ特派員、アメリカ特派員を経験した。新聞記者として40年、さらにその後はフリーのジャーナリストとして国際政治が動く現場に立ち会った。現場で取材した国は82か国に上る。その経験から、この世界には「15％の法則」があるのを確信するに至った。悪政を変えるためには選挙で50％以上の票をとるのが最上だが、選挙まで待たなくても15％の市民が立ち上がれば、社会の空気を変えることができるのだ。

〈9・11の国旗〉

ロサンゼルス支局長として赴任したのが2001年9月1日付だったのは先に述べた。そのわずか10日後だっただけに9・11のテロが起きた日のことをよく覚えている。

赴任したばかりでまだ家も見つからず、ホテル暮らしだった。ベッドのわきの電話が鳴ったのは朝6時すぎだ。支局の助手のマイケルが何かわめいている。しきりに「テレビを」と言うので、眠い目をこすりながらテレビをつけると、ニューヨークのビルが燃えていた。なぜ早朝からたたき起こされてテレビドラマを見させられなきゃならないんだ……と思いつつ画面を見ているうちにテロだと気づいた。急いで支局に走った。

この日、ロサンゼルスの中心部はゴーストタウンになった。ニューヨークで起きたのと同じ形のテロがアメリカの西海岸の中心地であるロサンゼルスでも起きる、というデマが流れたせいだ。街一番背が高いビルに飛行機が突っ込むという、根も葉もないうわさである。そのビルは私の支局が入ったビルの目の前にある。

もしかして間もなく飛行機が突っ込むかも……と思いつつ、支局の窓からそのビルを見上げた。視線を眼下の大通りに落としたとき、愕然とした。いつもは人通りに満ちているのに、人っ子一人、車一台さえ通っていない。まるでゴーストタウンだ。この日は火曜である。いつもなら朝9時には通勤の人々で混雑する。なのに、シーンとしたままだ。東京の銀座の中心部で平日にだれもいない光景を想像してみてほしい。実に不気味だ。

3日もすると、人通りも車の通行も回復した。しかし、風景は一変した。街のどこを見てもアメリカの国旗だらけだ。ビルの入り口にも窓にも大きな星条旗が翻る。市役所は長さ10メートルもあろうかという特大の国旗を掲げた。街角のキヨスクは国旗の小旗を束ねて売っている。そして街を走る車はすべて国旗の小旗をつけている……ように見えた。新聞もテレビも「すべての車が国旗を掲げて愛国の意志を表明しています」と流した。

そのとき、「まてよ」と思った。たしかにすべての車が国旗を掲げているように見える。だが、本当に「すべて」なのか？

私はロサンゼルスの中心部の交差点に30分立って、目の前を走る車のうち国旗を掲げている車とそうでない車を数えてみた。すぐにわかったのは、国旗をつけているのはほんの一部だということだ。場所を替えて別の交差点でも、そして時間帯を替えても数えてみた。

その結果は、どこで、何度数えても同じだった。街を走る車のうち国旗を掲げている車は、11％から13％の間だった。いつ、どこで数えても、この範囲に収まったのだ。それなのに、見た目には100％の車が国旗をつけているように見える……。

ここから言えることがある。10％強の人々がいっせいに目立つ行動をとれば、世の中すべてがそうしているように見える、ということだ。ならば、一定の地域でそこの15％にあたる人々が同じような目立つ行動をすれば、すべての人々がそのようにしているように見えて、社会の風を変えるのではないだろうか。

〈ベルリンの壁でも〉

別のケースを検証してみた。

１９８９年に東欧革命が起きたとき、私はドイツに飛んだ。まだ壁が崩壊してから数日しかたっておらず、市民がハンマーでベルリンの壁を文字通り壊しているところだった。

冷戦の象徴だったベルリンの壁が崩壊したのは、暴力革命の結果ではない。市民の平和なデモが歴史を変えたのだ。そのきっかけとなった場所は当時の東ドイツ第２の都市ライプチヒだ。のちに「革命の首都」と呼ばれることになったこの町は、ゲーテが学んだ大学がありシューマンやワーグナーゆかりの芸術の街でもある。

その中心部にあるニコライ教会で１９８９年秋、月曜の夕方に行われる祈りのあと、教会を出た市民がそのまま自由化を求めるデモを行った。その後も毎週月曜にやったので「月曜デモ」と呼ばれる。最初は２００人だった。

９月２５日の月曜にはデモは5千人に膨らんだ。次の１０月2日は2万5千人になった。ここまでは警察が規制してデモの市民を武力で鎮圧した。しかし、９日にデモが7万人に膨らむと、警官は手出しをしなかった。１６日に１２万人に達すると、警官は交通整理に追われるだけだった。デモは首都ベルリンに飛び火し１１月４日、首都で史上最大の百万人がデモをした。6日、ライプチヒのデモは最高の50万人に達し、その3日後、ベルリンの壁は崩壊したのだ。

ライプチヒの当時の人口を調べてみると60万人だった。デモを規制する警官の態度に変化が現れたのは人口の10％強である7万人が市街を埋めたときだ。このとき、当局の目には市民みんながデモをしているように見えたのではないか。

デモの市民が多数派であり規制する側が少数者だと思えば、下手に手を出すのは控えようという気持ちになるのは自然だ。まして人口の20％である12万人に膨らむと、もはや力の差は歴然としていた。警察は規制ではなく交通整理をしてデモに協力するほかなかったのだ。

この「月曜デモ」はその後も続いた。2003年にはイラク戦争に反対して、また2014年にはウクライナ紛争の平和解決を求めて市民がデモをした。

10％強で20％以下といえば、ここでもさしずめ思い当たるのは15％という数字だ。

〈15％が社会を変える〉

実は、15％という数字は、前から気になっていた。

最初、この数字に気づいたのは南米のチリだった。この国では1970年の選挙で左派が過半数をとって政権を獲得した。しかし、3年後のクーデターで右派の軍事独裁となった。武力によって生まれたとはいえ、一定の支持がなければ政権として保てないものだ。

国民投票によって1990年に民主化した後は、政権が左派になったり右派になったりした。中道にはならない。なぜこうまで極端に左右にぶれるのか、不思議に思った。

過去のチリの選挙の結果を分析して気づいた。この国の有権者の3割は固い右派、3割は固い左派、残る4割が中間派だ。中間派は自分からは何もせず、政治の流れに引きずられる。選挙ではその中間派を引き寄せた方が3割と4割の合計7割を占めて勝利していた。

右でも左でも、中間派にまで影響力を及ぼすのは、結束してエネルギーを持ったときだ。3割が結束するためには、半分の15％が強く行動に出たときだろう。ここで15％という数字が浮かび上がった。

右派3割、中間派4割、左派3割という割合は、どこの国でも似たようなものではないか。国民の3割は保守的で3割は革新的だ。残る4割は無関心、あるいはどちらにもなびく中間層である。国会の議席ではなく、人間がどんな思考をしがちかという点において、だ。となると、どこの国でも15％が結束した勢力が、その社会を政治的にリードするのではないだろうか。

こうした体験から、「15％の法則」が存在するのを経験的に実感するようになった。悪政を変えるのに選挙まで待つ必要はない。15％の市民がいっせいに明確な行動を起こせば、直ちに社会の空気を変えることができる。

今、日本全国で政権に反対するデモが広がっている。数年前までデモを見たことがなかった若者も、今は当たり前のように街角に繰り出している。最初はデモに冷ややかだったメディアも変わってきた。それぞれの地域で15％の人々が行動に参加するようになれば、日本が変わるだろう。

デモでなくても、もっとソフトな行動でもいい。たとえば地下鉄の椅子に座っていたとき、ひょいと右を向くと立っていた人のカバンから「アベ政治を許さない」という札が下がっていた。俳人の金子兜太《とうた》さんの字だ。そのまま左を向くと、そこに立っていた人のバッグからも同じ札が揺れていた。

その時に思った。この車両の乗客の15％がこの札を下げていたら、乗客のみんながそうしているように見えるのだろうな、と。この「アベ政治を許さない」と書いた札は名刺より少し大きいくらいだ。ところが、最近ではA4くらいの大きさの札を下げている人を見るようになった。だんだん慣れてきたのだ。地下鉄がこの札を持っている人で埋まれば、アピール力は格段に増すだろう。

あなたも15％の1人に、なりませんか？

〈伊良部の動乱〉

９条の大切さや政権の横暴などを街角で訴えても、道行く人々からそっぽを向かれがちだ。この声が届いているのかと不安に思ったことはないだろうか。各地にある憲法９条の記念碑を調べている私が２０１７年に沖縄の宮古島を訪れたとき、こんなことがあった。

まずは、９条の碑を見に行った。街を見下ろす小高い丘の上に広がる公園に高さ2メートルほどの白いサンゴ石が建っている。黒い石の板に白く「非戦の誓い」と書かれ、その下に憲法９条の条文が彫られている。これが宮古島の９条の碑だ。

最初は市の費用で建てようとしたが、議会の多数派から「地方自治体に９条の碑はそぐわない」と反対され、市民からの寄付を募った。２００６年に「みやこ憲法九条の会」を結成し、４００人近くの人々から約９０万円のカンパを集めて２００７年に建てたのだ。

「みやこ憲法九条の会」代表の仲宗根將二《なかそねまさじ》さんは昭和９年生まれだ。この年に生まれた子が小学校に入学するとき、小学校は国民学校と名が変えられた。国家に奉仕する少国民を育成するのが目的となった。それからの６年間は軍国教育を受けた。

「戦争はある日突然に起きるのではない。雰囲気がしだいに作られていく。いま、またそのような状況です。あの戦争前夜と同じような感じを受けます」と仲宗根さんは語る。

戦争中は言論が統制された。宮古島に駐屯した日本軍は島のラジオの真空管を抜いた。いま何が起きているか、島民が知ることができないようにしたのだ。終戦の年の2月には新聞用の紙も島に入らなくなり、このときから住民は情報から締め出された。

こうした話を聞いたあと、バスに乗った。島の西の海上に信じられないほど細く長い橋が伸びる。バスの窓の直下に海面を見ながらジェットコースターのように上下しつつ、3450メートルもある橋を走ってたどりついたのは伊良部島《いらぶじま》だ。さらに先の下地島《しもじしま》に渡ると、3000メートルの滑走路を持つ空港があった。

空港が建設されたのは沖縄返還の前年の1971年だ。当時の琉球政府と日本政府の間で「軍事目的に使用しない」という確約書を交わした。国内唯一の民間パイロット訓練場になった。ところが2005年、伊良部町議会が空港への自衛隊駐屯要請を決議した。住民への説明もなく、議会の審議もなく、緊急動議によってわずか10分後、9対8の1票差で可決したのだ。強行採決である。

怒った人々が住民委員会を結成し公開質問状を出した。宮古島に住む「みやこ九条の会」の上里清美さんも連日、フェリーに乗って支援に駆け付けた。しかし、住民の反応は鈍い。訴えを聞いてくれる人はほとんどいなかった。

その8日後、誘致派は伊良部町を宮古島市から切り離そうと市町村合併離脱を、またも緊急動議によって1票差で可決した。自衛隊に頼るしか生きる道はないと住民に思わせるためだ。

再度の強行採決に住民は怒り、議場に詰めかけた。誘致派の議員たちは「島の住民の過半数を夕方までに中央公民館に集めることができたら住民説明会に応じよう」と豪語した。そんなことなどできるわけがないと見くびったのだ。

2時間後、公民館をのぞいた上里さんは驚いた。会場は人で埋まっていた。おじい、おばあ、部活帰りの中学生もいた。その数は３５００人。スピーカーをつけた車で島を2時間駆け回っただけで、これだけの人数が集まった。

町議会議員の全員が舞台の上に並んだ。公開質問状に沿って住民側が議員に質問をぶつける。誘致派の議員はしどろもどろになった。議員一人一人の口から態度を明らかにするよう住民は迫った。

議員たちが「明日の議会で民意を尊重して審議します」と言うと、会場からは「白紙撤回を約束しろ」と声が飛んだ。議員が「では、明日、白紙撤回します」と答えると、会場の女性がすかさずマイクに飛びついて「4年前の自衛隊の訓練誘致決議もいっしょに白紙撤回してくださいね」と言った。議員は「わかりました」と力なくつぶやいた。会場からは万歳の声が沸き起こった。

翌日の地元紙「宮古毎日新聞」が手元にある。1面に大きく「自衛隊誘致を白紙撤回」の見

自衛隊誘致を白紙撤回
伊良部町
住民3500人が議会に「ノー
市町村合併も推進

3500人が公民館に集まった「伊良部の動乱」を伝える地元の新聞
(2005年3月25日付)

出しの下、公民館を埋めた人々の写真が載っている。この日、住民が見守る中で議会が開かれ、自衛隊訓練及び駐屯要請に反対する決議が賛成１６、反対１で可決された。地元ではこれを「伊良部の動乱」と呼ぶ。この年、宮古島市には革新市長が誕生した。

上里さんは、当時を思い出しながら語った。「それまで何度、町の人たちに自衛隊誘致の危険性を訴えたことか。でも、まったく反応が感じられませんでした。何を言ってもダメと思っていた人々が……。目の前の３５００人を見て信じられませんでした」と語る。そして、言った。

「私たちの訴えは、通じてないように見えても実は通じていたことを知りました。

そのとき私たちが学んだのは、あきらめないということです」

いま、全国各地で9条を守ろうという訴えがなされている。マイクの前を無視したように通り過ぎる人がほとんどだ。しかし、その人々の耳にも訴えは聞こえている。あきらめずに声を上げることが、いつの日か壮大な人々の行動を呼び起こし、国政をも変えていくのだ。

それから10年以上がたつ今も、防衛省は宮古島市に陸上自衛隊のミサイル部隊を配備しようと計画し、住民は反対運動を繰り広げている。私が上里さんから「伊良部の動乱」当時の話を聴いた2017年3月、島を去る日の新聞の1面は、下地島の空港に国際線の旅客施設を整備することが決まったニュースだった。動乱の民意は生きている。

〈野党共闘の躍進〉

このところ二つの選挙があった。

2016年7月に実施された参議院選挙と2017年10月の総選挙だ。どちらも与党が勝ったと言われた。選挙を何回やっても、どうせ何も変わらないという見方は、ここからも生まれた。

しかし、ちょっと待ってほしい。選挙結果の見方が間違っているのではないか。政治は1回1回の結果だけで見るものではない。「流れ」で見るものだ。結果をきちんと分析すると、マスコミで伝えられている論調とは違う事実が浮かび上がる。

まずは2017年の総選挙だ。新聞には「自民党勝利」はもちろん「圧勝」の文字も躍った。事前の予想で安倍自民党が議席を減らすのではないかという予測があっただけに、与党が勝ったという印象が広がった。しかし、結果の数字をきちんと見て前回の選挙と比べれば、印象は変わる。

この選挙と前回の総選挙の各党別の獲得議席の移り変わりを見よう。自民党は前回284議席だった。今回も284だ。プラスマイナス・ゼロである。1議席さえ増えてはいない。

与党の一角の公明党は前回34議席だったのが29議席に減った。5議席の減である。公明党はこれまでの選挙で比例の得票はずっと800万票台だったが、今回は600万票台に落ちた。安倍自民党の言うなりになって、党が掲げてきた平和路線を放り投げたことに有権者は反発したのだと受け取れる。

このため、自民と公明の与党の合計の獲得議席は、前回に比べて5議席減である。これでどうして与党の圧勝などと言えるのか?

他の政党を見ても、ただ一つの党を除いてすべてプラスマイナス・ゼロかマイナスである。唯一プラスになったのが立憲民主党だ。40議席増という目を見張る数字である。しかし、この党は選挙の直前にできた党だ。それがどうして一挙にこれほどまで伸びたのだろうか。

それは野党が共闘したからである。できたばかりの立憲民主党と共産党、社民党の野党3党さらに議席を持たない新社会党などがすばやく共闘態勢を組んだ。共産党は自分の候補者を取り下げて立憲民主党に投票するよう支持者に呼びかけた。

いくら小選挙区制で共産党の候補者が通りにくいと言っても、普通こんなことはしない。小選挙区の候補者を出さなかったら比例の得票数が減るからだ。それを覚悟のうえで共産党は小選挙区候補者の多くを取り下げた。実際、共産党の議席は前回の21議席から12議席に9議席も減った。社民党の候補者が出馬する選挙区でも立憲民主党と共産党が候補者を出さなかった。この結果、社民党は前回と同じ2議席を確保したし、立憲民主党は55議席を得たのだ。立憲民主党の議員のうち、民進党などに所属して現職だった人の分を差し引いても40議席の増である。

もちろん、今回の選挙だけを見れば自民党と公明党の与党が勝ったし、議席の3分の2を確保したから勝利したのだ。しかし、ここで見たように「流れ」で見ると、「与党の後退」がはっきりわかる。もう一つ、それ以上に特筆すべきが「野党共闘の躍進」である。ただ野党が増えたのではない。安倍政権に対抗し憲法9条を守り抜くことを明確にして共闘した3党が勝利したのだ。憲法を変えると主張した希望の党は前回57議席だったのが今回は50議席で7議席減った。維新も14議席から11議席に減った。

新聞やテレビのメディアは選挙の結果を報道するさい、野党共闘の躍進を特筆すべきだったのだ。ところが、そこが抜けおちて与党の勝利だけが大見出しに掲げられた結果、有権者の判断を誤らせる結果となった。これはメディアとして有権者を誤った方向に導くものである。

〈参議院選挙でも〉

次に、その前年の参議院選挙を見よう。これも野党共闘が力を発揮した。

この選挙でも、与党が勝って野党が負けたと言われた。与党が議席の3分の2を獲得すれば憲法を替えることにつながるため、憲法を守ろうとする人々には危機感が広がり、それだけに「負けた」と感じる人が多かった。

これも「流れ」で見ると様相は一変してくる。

それ以前の2回の参議院選挙を含め、最近の3回の参議院選挙の比例区の得票を見よう。与党系と野党系に分けて比べると、6年前の前々回は2965万：2425万、前回の3年前は3714万：1354万、今回は3252万：1914万だ。おおまかに言えば、順に「5：4」「5：2」「5：3」となる。つまり野党系への支持が明らかに盛り返したのだ。

選挙区を見ると、自民党が獲得した議席はこの3回の選挙で「39→47→37」と減った。しかも今回は沖縄と福島の一人区で自民の現職大臣が落選した。つまり自民党は圧勝どころか、勝ってもいないのだ。

一人区を見ると、前回は31の一人区のうち「自民29：野党系2」で自民の圧勝だった。しかし、今回は32のうち「自民21：野党系11」と2：1まで野党が挽回したのだ。

野党系が勝ったのは秋田以外のすべての東北（青森、岩手、宮城、山形、福島）、北陸の新潟、中部は山梨、長野、三重、そして九州の大分県だ。惜敗した福井、岡山、愛媛、長崎県を入れると、全国を縦断して野党共闘が具体的に結果を生んだことがわかる。

共闘によって野党には予想以上の票が入った。たとえば山形と愛媛の野党統一候補が得た票は、それぞれの地域の4野党が得た比例票の合計の1・7倍だ。また、北海道はその直前4月の第5区補欠選挙の経験がそのまま影響し、3人区で野党系が2議席を得た。また、野党は沖縄で勝ったし、鹿児島では反原発知事が誕生した。

こうしてみると、一つの結論が出る。野党系は「勝った」とは言えないが、負けてもいないのだ。

では、なぜ野党が「負けた」と思われたのだろうか。

それは、結果として憲法改悪の発議に必要な「3分の2を取られたから」だ。しかし、この選挙では、憲法は争点とならなかった。ほとんどの有権者は憲法を考えて判断したのではない。選挙戦で安倍首相が語ったのは「アベノミクスの成果」だけだった。野党が負けたと思う人々は、「3分の2」が憲法改悪に及ぼす影響を察知して、その面から負けたと思ってしまったのだ。それは危うい誤解である。結果の数字だけを見ると、世の中は何をやっても変わっていないと思い込んでしまう。

この選挙の朝日新聞の世論調査では、「安倍政権に求める」のは社会保障32%、景気と雇用29%で憲法は6%だった。つまり、国民が求めたのは「安心できる暮らし」なのだ。有権者の「3分の2」が憲法改定で与党を支持しているのではない。

2回の選挙で明らかになったことは、日本列島の南北から国民がじわじわと安倍政権を追い詰めていることだ。そして野党共闘というセオリーを踏めば勝つ、しかも競り勝つということがわかった。

では、この選挙で野党が「勝てなかった」のはなぜだろうか?

同じ世論調査で、今回の結果となった理由を聴いている。「安倍政権の政策が評価されたから」は、たった15%だった。そして71%もの人が指摘したのが「野党に魅力がなかった」だ。

そうだ。安倍政権が評価されたのではない。問題は野党側にある。野党が魅力的であれば、有権者は野党に票を入れたのだ。逆に言えば、有権者は野党に期待しているのだ。野党は、ただ共闘するだけでなく、有権者が魅力を感じるような政策をうちださなければならない。共闘だけなら内閣を倒すことができるが、問題は、そのあとにどんな政府を創るかだ。新生日本のビジョンを示すことが野党に求められている。

〈新潟方式〉

国政選挙だけでなく知事選を見ると、東京都知事選などのほか、このところ自民党の敗退が目立つ。とりわけ目立ったのが２０１６年の新潟県知事選挙だった。

この選挙では自民・公明推薦の候補の勝利は間違いないと言われていた。しかし、告示の直前に共産・自由・社民の野党共闘による無所属候補が立候補し、勝ったのだ。なぜ新潟にそれができたのか。それは新潟県の政治風土を見ればわかる。

日本の地方ではこれまで、野党共闘がなかなか成立しなかった。市民も労働組合も社会党系や共産党系などに分かれていた。私は駆け出しの新聞記者時代に長崎に赴任したが、原爆や労働問題など野党が共闘できるはずの課題でも、当時の社会党と共産党はいがみあい、わざわざ別の日に集会を開いていた。反原爆の組織も労働組合も別で、このため大きな力になりえなかった。

熊本の水俣病を取材した際は、社会党、共産党さらに新左翼など細かく分かれ、公害を起こした企業を糾弾するよりも野党どうしがお互いを非難する声の方が強いように思われた。共闘できそうな分野でもなぜわざわざ党派性を持ち出していがみ合うのか、不思議でならなかった。

ところが、新潟は違った。新潟水俣病の取材に行くと、党派の違いを乗り越えて共闘していた。組織は政党別だったが、けんかをするのではなく共闘していた。社民党系の事務所に行くと共産党系の催しのポスターが貼ってあった。

どうしてそうなのかを聞くと、新潟県ではどんな問題でも野党は最初から共闘するのが習慣になっているという。「けんかしないのですか」と聞くと、「イデオロギーが違うから、路線や方法論での対立はあります。でも、そうなったとき私たちは原点に帰ります」と言われた。「原点って、なんですか」と問うと、「被害者にとって何が大切か、ということです」という返事だ。

運動の中心に被害者を据えて、それぞれの団体が被害者のためにやれることをがんばる。最初から党派性を出さないでやろうと合意し、それを貫いているのだという。

「私たちは常に『主人公はだれか、被害者だ』と確認しながらやってきました。だからこそ全国的にもまれな共闘ができたのです」と言う。柏崎刈羽《かりわ》原発の運転差し止め訴訟も、9条の会の活動も、すべていっしょで最初から共闘を前提にして活動してきた。

これは重要な指摘だ。野党といえば、ともすれば党派の利益のために行動しがちだが、そうではなくて被害者の立場に立って何をすればいいのかを考えるという。これこそ本来の世直し運動の在るべき姿ではないか。

２０１１年の福島原発の事故のあとは、新潟水俣病の運動をしてきた人々が福島を訪れて原発の被害者と交流をした。こうした活動は、運動の裾野を広げる。他の地域なら公害や原発など課題が違えば取り組まないところが多いが、新潟はそもそも根は同じ問題だと考えて共闘をさらに広げているのだ。

先の社民党系の事務所には「最大の悲劇は悪人の暴力ではなく善人の沈黙である。沈黙は暴力の陰に隠れた同罪者である」と書いたポスターが貼ってあった。米国の公民権運動の指導者で黒人の牧師、マーティン・ルーサー・キング・ジュニア牧師の言葉だ。

おかしいと思うなら、黙っていないで行動を起こそうという呼びかけだ。同じような言葉を思いだす。韓国の金大中《キムデジュン》元大統領の遺言だ。「行動する良心たれ。行動しない良心は悪の側にいる」

日本全体がこの新潟方式で野党共闘し、沈黙せずに実行に移せば、大きな力になるだろう。思えば、知事選は全県一区だ。全国規模から見れば小選挙区と同じである。国会の選挙が小選挙区制度だから永久に野党は与党に勝てないと思う人が多いが、ではなぜ知事選で自民・公明の国政与党が連敗するのか。やり方によって現在の制度でも勝てる。それが野党共闘なのだ。

〈市民連合の結成・九条の会〉

政党にも増して安倍首相を追い込んできたのは市民の力だ。

２０１４年１２月には、政府への抗議行動の統一センターとなる市民団体「総がかり行動実行委員会」が生まれた。その呼びかけで２０１５年夏には、１２万人の市民が国会を包囲して政府の暴政に抗議した。その後も国会前の抗議行動は恒例のようになった。

ほんの数年前まで、日本の若者たちはデモを見たことがなかった。１９６０年安保や１９７０年安保の時代にはごく日常的にあったデモが、その後の経済発展の中で日本から消えたのだ。数十人でもデモをすれば、何事かという奇異な目で見られた。こうした状況が一変した。

戦争法と呼ばれた安保法案が２０１５年の９月に国会で採択されたあと、廃止を求める２０００万署名運動が取り組まれた。１年弱で１５８０万筆もの署名が集まった。その１２月には様々な市民団体が集まり「安保法制の廃止と立憲主義の回復を求める市民連合」が結成された。政治団体であるこの市民連合が野党に呼びかける形で、選挙での野党連合を進めた。

その結果、２０１６年の参議院選挙で野党共闘が具体的な成果を出した。３２の選挙区で１１人を当選させることができたのだ。その前回の野党の当選は２人だけだったのに比べると、大きな勝利だ。市民が主導して野党が共闘すれば選挙で勝てるということがわかった。日本の政治は長らく政党や労組が主導してきたが、ここに市民運動が牽引する新しい時代がやってきた。

その成果の上に立って、総選挙に備え各県ごとに市民連合を結成する動きが進んだ。立憲主義を掲げる野党と「市民連合」の共闘が全国289の小選挙区で候補者の1本化に成功すれば、自民党の政治に嫌気がさした無党派の有権者を引き付けて勝利をもたらすだろう。176の比例区にも影響せずにはいない。

自民党の試算によると、野党共闘がすべての選挙区で成立すれば、衆議院選挙で自民党は137議席と現在の半減以下に減る可能性があるという。安倍政権が率いる自民党は単独過半数を失い、改憲を進めるどころか総辞職に追い込まれることさえありえる。

一方、ノーベル文学賞を受賞した大江健三郎さんら9人の知識人で発足した「九条の会」は高齢化が進み、9人のうち6人までが亡くなった。今や人前で話すことができるのは女性作家の澤地久枝さん、ただ一人だ。このため2016年夏に新たに12人の世話人が任命され、会の活動を活性化させることになった。憲法学者を核に、文化人、NGO活動家ら、そしてジャーナリストの私もメンバーの一人だ。

世話人となってから私は全国の集会を回って講演をしてきた。そこで気づいたのは、野党共闘で参議院選挙を勝った県は講演会の参加者の顔が明るいことだ。どうやったら選挙で勝つかを知った人々は体験から生まれる自信を持っている。

今こそ問われるのが、下からの民主主義の構築だ。

「九条の会」は、今や日本中に７５００以上もある。原発事故を契機に起きた東京の首相官邸前の金曜デモは、今なお数千人の規模で毎週、続いている。同じようなデモは全国に広がった。

マスメディアは当初、金曜デモを無視した。しかし、１０万人規模になると、報道せざるをえなくなった。日本を軍事国家に戻したくないなら、子どもを戦場に送りたくないなら、マスメディアを覚醒させるほどの大きなうねりを創り出すことだ。

今や全国で人々が街頭に出てスタンディングや署名活動をしている。ここ数十年ついぞ見られなかった現象が目の前にある。日本の市民も意識を強めているのだ。今こそ日本の民主主義の底力、国民の意識が問われる。市民社会を創るのは、他の誰でもない。私たち自身だ。

〈若者たちの力〉

憲法９条について講演会を開くと、参加者の大半は年配の人たちだ。それも６５歳を超える人が多い。「若者に呼びかけても参加しない」という嘆きが聞かれる。

いや、日本の若者も棄てたものではない。

私は東京の中高一貫の学校で中学3年から高校3年まで400人の生徒たちに講演したことがある。原発をめぐる状況や自然エネルギーの可能性、コスタリカが平和憲法を活かしていることなど話すと、多くの生徒がうなずいた。

1時間半の話のあとは質問のラッシュだった。答える時間が足りず、ほかに質問があればあとで出すようにと言うと、質問でびっしり埋まったA4の紙が118枚も届けられた。紙の裏にまで書いたものもある。今の子が無気力だなんてウソだ。知りたいという意欲に満ちている。

高学年の子は「日本は多額の債務を抱えているが、返済のために自分に何ができるか」「TPPに参加すべきか否か」「絶対に安全な原発の製造は可能か」などと書いている。一見して思ったのは、現在の世界や日本の状況をしっかりととらえて自分で考えようとしていることだ。一方で、状況を悲観的にとらえがちだ。閉塞した今の社会の傾向を反映しているのだろう。

低学年には問題を考える際に、素直な発想をする子が多い。「日本は豊かだというがストレス社会で幸せそうには見えない。スペインなどは倒産しそうにもかかわらず国民は幸せそうだ。私たちはどんな国を目指すべきか」「自衛隊は不要だと思う。災害復興で役に立ったが、迷彩服で行く必要はなかったのではないか」「テレビをなんとなく見て丸呑みする国民ではいけないのではないか」

まさに、そのとおりだろう。日本がどんな国を目指すべきか。その答えは、あなた方がそのまままっすぐに育っていける国を目指せばいい、と言いたい。

埼玉県の「九条の会」の講演に行くと、教育者の二橋元長《ふたつばしもとなが》さんが若者たちと「憲法ワーク」をしていた。20代の若者20人ほどに4つの絵を載せた1枚の紙を見せ、「違うところ、同じところ」を指摘してもらうゲームだ。

「ニワトリ、象、カエル、椅子」を見た若者からは「ニワトリだけが4つ脚《あし》ではない」「椅子のほかは生き物」など声が飛び交った。同じものを見ても見方やとらえ方が人によって違うことを楽しみながら学ぶ。ふだんは目立たない若者が面白い発想をして感嘆の視線が集まる。新しい発見がある。若者の瞳がみるみる輝いた。このような工夫をすればいいのだ。

東京都調布市で開かれた「平和のつどい」では、会場の外で憲法9条を変えることに賛成か反対かのシール投票を行い、その結果を若者が発表した。続いて私は原発がなくても日本はやっていけることを話した。そこに参加していた都立高校1年生の男子生徒が、私の話を同級生たちに聴かせたいと学年主任に働きかけた。半年後、私はこの学校の1年生全員に1時間、自然エネルギーについて講演した。この学校では総合学習の時間に「震災と核」を年間のテーマとして研究しており、生徒が自主研究を発表するほか、修学旅行で広島や長崎に行っている。

寒い冬、板張りの剣道場に直接座った280人は熱心に聴いた。その後、生徒たちが書いた感想文が送られてきた。「これからは政治に意見をきちんと持ちたい」「これを機に、自分でも調べてみたい」「私も夢を持ち、未来に希望を持ちたいです」「行動していくという言葉がとても響きました」「日本ってダメなんだと思っていましたが、地方でがんばる所を見て、日本のことが好きになりました」など熱い言葉が書いてある。

埼玉県の公立受験高から呼ばれ3年生全員360人に「主権者となるということ」というテーマで講演したことがある。18歳選挙権となったのを機に主権者の意味を話してほしいと言われたが、「受験の追い込み期にこんな話をして、いいんですか」と校長先生に聞くと、「一生のためには今、主権者であることを自覚することの方が大切です」と言われた。日本の教育現場もなかなかのものだ。

生徒たちの感想文には「私も来年から選ぶ立場になります。その時に重要なのは、まわりの意見を聞いてうのみにするのではなく、常に自分の意見はもち続けることだとよくわかりました。政治について人任せにするのではなく、自分の意見をしっかり示せるような主権者になりたいと思います」とある。

2012年に始まった脱原発を掲げる首相官邸前の「金曜デモ」の中心にいたのは30代の

人々だった。ベビーカーを押す若い母親、若いサラリーマンたちである。団体の旗は掲げないし、ビラの配布もしない。マイクは用意したが、1人の発言は1分に限る。開始は午後6時で終わりは8時。こんな現場ルールをつくってスタッフが駆け回り、ルールからはみ出た行動があればやんわりと注意する。整然とした非暴力の抗議行動に徹した。こんな風だから思想や信条を越えて幅広い人々が集まった。来られるときに来て、好きなときに帰る。参加者の多くは、デモなんて人生で初めてという人々だった。

マスコミは報道しなかったが、参加者の4割はツイッターで知ってやってきた。3分の2の人々がインターネットを通じてこの動きを知り、共鳴して参加した。ほかには口コミが2割。新聞やテレビで知った層は1割しかいない。マスコミに頼らなくても運動は広がるということだ。首都だけでなく、これが全国に広がった。

若者は若者で、自分たちのやり方で行動している。年配者は自分たちのやり方を押し付けるのでなく、彼らの自主性を尊重し応援すればいい。若者を悲観するのではなく、どうしたら彼らの芽を素直に育てることができるかという観点から考えようではないか。

2　世界の市民の行動に学ぶ

政治を変えたいとは思うが、どうすればいいかわからない。何かしなければとは思うが何をすればいいのか考えつかない。そんな声をよく聞く。日本の政治の市民力はまだまだ経験が浅い。他の先進国に比べて国家の管理が強く、一方で市民の抵抗の力は弱い。歴史的に「お上」の言うことには無条件で従う癖が染みついているようにも感じられる。国内にあまり実例がない中で、何かを考え付くのは難しい。そんなときには他の国の実例を見ればいい。

地球の反対側、南米のチリでは、クーデターで成立した軍事独裁政権に市民が果敢に抵抗し、国民投票で民主化を勝ち取った。お隣の韓国では100万人単位の人々が結集して大統領を弾劾し、政権から追い落としてしまった。東欧のバルト三国では30万人が集まる歌の力や「人間の鎖」でソ連からの独立を達成した。この三つのケースを見れば、具体的にどうやって社会を変えたかがわかる。それをヒントにして日本の、そして自分の地域に合った方法を考えることができる。

〈チリの歓喜の歌〉

地球の反対側にある南米チリは、日本とよく似ている。都市は北欧風の石造りだが地方にはわらぶき屋根の農家や富士山に似た山があり、国民はウニやカニを食べ、勤勉で清潔好きだ。

この国では1973年9月11日に軍事クーデターが起きた。チリで9・11と言えば、武力によって民主主義が破壊されたこの日を指す。軍部は多くの市民を虐殺し、その後は軍事独裁の恐怖政治を続けた。それでも10年たつと民主化を求める国民の抗議行動が始まった。

手元に直径5センチの丸い素朴なオカリナがある。1984年9月4日、チリの首都サンティアゴの街角の露店で買ったものだ。

民主主義を求める「反軍政国民抗議デー」がこの日に行われると聞き、チリに飛んだ。向かったのは首都中心部の広場だ。正午に反政府集会が開かれるという。正午の30分前に着いたが、広場にはだれもいない。周辺のベンチでおじいさんが新聞を読み、おばあさんがハトに豆をやっている。隣のベンチでは若いカップルがいちゃつく。情報は間違いだったのかもしれない、思えば軍政下で反政府集会なんて開かれるわけがないし……と思った。

ところが、広場に面した大聖堂の鐘が鳴って正午を告げると、雰囲気は一変した。おじいさんはすっくと立ち上がるなり新聞を投げ捨て、「民主化、万歳！」と叫んだ。おばあさんもシャキッと立ってハンドバッグから豆でなく紙ふぶきを取り出してまき、「軍政は去れ！」と声をはり上げた。カップルも立ち上がって「私たちに自由を！」とこぶしを振った。またたくまに300人が広場に集まり、集会が始まった。あらかじめ集まると逮捕されるので、みんな無関係を装っていたのだ。

そこに警察の放水車が来た。最初に水を浴びたのが私たち報道陣だ。私は強烈な水圧を腹に受けて、ずぶ濡れになって石畳を転がった。水には催涙ガスが含まれている。チカチカして目を開けていられない。涙をぬぐいながら開けた目に見えたのは、広場の四隅から突入する、銃を水平に構えた兵士たちだった。彼らは参加者の頭をこん棒でめった打ちにした。石畳がみるみる流血で染まっていく。

弾圧を目の前に見ながら、私は感動した。このおじいさんもおばあさんも、300人の人々は弾圧を承知で集会に来たのだ。殴られ、逮捕されることがわかっていても身体をはって、民主主義を主張しようと考えたのだ。

集会に来られない人も、何らかの行動を起こした。朝、ホテルのレストランでボーイが朝食を運びながら口笛を吹いていた。ベートーベンの第九「歓喜の歌」だ。昼、集会の現場に向かうタクシーの運転手は、運転しながらこの曲をハミングした。夕方、街を歩くと路上にオカリナを並べて売る青年がこの曲を吹いていた。朝から「歓喜の歌」ばかり聞く。

この歌に何か意味があるのかと青年に聞くと、「歓喜の歌」が民主化運動のテーマソングになっているという。人々は、苦悩を突き抜けて歓喜に至る「第九」を歌うことで、いつか民主化を実現させるという意志を示したのだ。集会には参加できなくても歌を歌うことはできる。歌でいいのだ。手段は何でもいい。沈黙するのではなく、軍政に屈服しない意志を行動で示すことが大事なのだ。その青年から買ったのが、手元にあるオカリナだ。

夜8時になると夜間外出禁止令が出た。これでもう抗議行動は終わったと思ったら、窓の外からカン、カンという音が聞こえてくる。主婦の反政府運動「ナベたたき」だ。ひどい政治のせいでナベに入れる食べ物がないという怒りの表現である。音はやがてガン、ガンと大きくなり、四方八方から鳴り響いてきた。

ナベたたきは人々を奮い立たせる。どこからともなく聞こえてくるナベの音は、軍政に反対している人があちらにもこちらにもいることを教えてくれる。自分だけではないと思うと、勇気が湧く。部屋の電気を消し窓を少しだけ開けてナベをたたけば、だれがたたいているのかわからない。自分も勇気を出してやってみようという気持ちになる。こうしてナベをたたく音はどんどん広がり、かつ大きくなるのだ。

「鳴り物入り」と言うではないか。歌や音を採りいれることで、運動は広がるのだ。

〈奇跡を起こした〉

「チリは民主主義共和国である」と明記した憲法が作られたのはクーデター後の１９８０年だ。軍事政権は実をともなわない民主主義を名のる一方で、独裁者ピノチェトを大統領にすると書き入れた。永久にそうするとは言えないので大統領の任期は１６年とし、半分の８年たったときに国民投票で軍政を続けるかどうか問うことにした。

８年後の１９８８年が国民投票の年だ。投票をしたら軍政が勝つ、とだれもが思った。マスコミはこぞって軍政側についていたし、市民が表立って軍政を批判することなどできなかったからだ。自信満々の軍は国民投票の直前だけ検閲を緩め、テレビで反政府側の宣伝を短時間だけ流すことを認めた。民主的にやったと国際世論に示すためだ。とはいえ１日わずか１５分でしかない。しかも同じ時間、軍政側も宣伝を流すのだ。

反軍政の市民側も最初は絶対に負けると思っていた。軍事政権という強力な一枚岩の組織がある一方で、野党は１７の政党に分裂していた。一つの党あたり持ち時間は1分もない。軍政側は１５分まるまる使って主張できる。これで反軍政側が勝つとしたら奇跡だ。

その奇跡が起きた。いや、市民が奇跡を起こした。

分裂していた野党が結束した。左派や中道だけでなく、独裁を嫌う保守派も巻き込んで民主化の一点で団結した。17の野党のうち16党が「コンセルタシオン・デモクラシア（民主協定）」という、この投票だけの政治連合を結成したのだ。残る一つも後に合流した。

この選挙キャンペーンのテレビ番組の製作を任されたのは、2人のプロの広告マンだ。最初、頭の固い政治家たちは、どうせ負けるのだから勝敗は抜きにして軍政への不満を番組でぶちまけようと言った。それに従ってつくられた映像は暗い憂鬱なものになった。

しかし、広告マンは違う発想をもっていた。多くの人があきらめているけれど、国民は本心では民主主義を求めているはずだ。みんなが投票で本心を出せば勝てる。「勝つためには明るい未来と夢を訴えるべきだ」と主張した。

そうして完成した番組は、自由で民主的になったらこんな明るい社会になるという愉快で楽しい内容になった。自由を愛する俳優や芸術家、文化人が集まって歌ありユーモアありの、見ていて幸せな気持ちになれる番組ができた。

ロゴも作られた。夢を誘う虹のマークと、軍政への「NO」を組み合わせたものだ。テーマソングもできた。ワンフレーズでだれもが簡単に口ずさめる軽快なメロディーで「CHILE, LA ALEGRIA YA VIENE（チリ、もう歓喜がやってくる）」と歌う。

「歓喜」と聞けば、思い当たる。そうだ。抗議行動の中で民主化を求める人々がテーマソングにしたのがベートーベンの第九「歓喜の歌」だった。あれほど求め待ち望んだ「歓喜」が、たった1回の国民投票で現実になるという喜びを、このワンフレーズに込めたのだ。街にメロディーがあふれた。子どもでさえ覚えて歌うようになった。動き出した歯車は急速に回り始めた。

〈したたかな楽観性〉

団結した人たちは地域を分担して説得活動に出た。選挙をやっても無駄だとあきらめていた有権者の家を1軒1軒回った。難しい主義主張を説いたのではない。素直な気持ちになりホンネで投票しようと笑顔で訴えたのだ。人々がどんどんその気になってきた。

軍政が選挙で不正をしないよう、手分けして2万3000の投票箱の一つ一つに立会人をはりつけた。選管が不正な数え方をしないよう開票所でも見張り、しかも独自につくった選挙本部で票を集計して公表する態勢を整えた。これだけのことをやって投票日を迎えた。

投票の結果は、軍政への「NO」が55％を占めた。過半数を得て勝利したのだ。賛成は44％だった。

驚いた独裁者ピノチェト将軍はもう一度クーデターをやろうと、配下の将軍を集めた。再度のクーデターを阻止したのはその将軍たちだ。国民の動きを見ればもはや軍政の時代ではないと悟った将軍たちは独裁者の主張を拒否し、さっさとテレビの前で敗北を認めた。

この奇跡の一部始終をドキュメンタリータッチで描いた映画「NO」は日本でも上映された。2人いた宣伝マンを1人に象徴している。

その後のチリはどうなったか。翌1989年にあらためて民主主義国家に移行するための大統領選挙が行われ、野党が大同団結した民主連合の候補が軍政側の候補を破った。野党が一致して推したのは保守系の候補だ。次の選挙も民主連合が推す別の保守系の大統領が軍政側の候補を破った。団結が崩れなければ勝つのだ。

その次の2000年の大統領選挙で、民主連合は左派の社会党のラゴス党首を統一候補にし、当選した。

その後は左右両派が政権を取り合ったが、2018年3月までは女性の大統領、社会党のバチェレさんだった。1973年の軍事クーデターのさい、クーデターに反対したため投獄され、獄中で虐殺された空軍の司令官の娘である。彼女自身、クーデターのさいに投獄され拷問され、その後は国外に亡命を強いられていた。チリは大きく変わった。一方の独裁者ピノチェトは殺人や不正蓄財の罪で起訴され、2006年に病死した。

歴史の歯車は、回す人がいなければ回らない。チリでそれを実行したのは楽観性を持った普通の市民だ。当時のチリにあって今の日本にないものが、このラテン的な、したたかな楽観性だ。自粛やあきらめ、そして忖度《そんたく》なんて、捨てようではないか。元気に行動すれば自分も社会も変えることができる。奇跡は待つものではなく、自ら起こすものだ。

〈韓国の民衆総決起〉

安倍首相の強引な政治運営や身内への利益供与が国民のひんしゅくをかったが、お隣の韓国では同じように独裁的で知人に便宜を図った朴槿恵《パククネ》大統領が罷免され、懲役刑を宣告された。そのきっかけは２０１６年秋の大規模な市民運動だ。民衆総決起と呼ばれる。傲慢《ごうまん》な朴政権に対して市民が立ち上がったのだ。

首都ソウルの市庁舎前の広場を毎週土曜の夜、ロウソクを掲げた市民が埋めた。１０月２９日に３万人、翌週は３０万人、第３回と４回は１００万人、次が１５０万人で１２月の第６回は１７０万人。全国では２３２万人に膨らんだ。その直後、国会は大統領の弾劾訴追案を可決した。これを受けて審議した憲法裁判所は２０１７年３月、罷免を決定したのだ。

彼女はその1年前まで「選挙の女王」と呼ばれていた。それほど支持率が高かったのだ。これも安倍首相と同じだ。それが選挙でなく、たった1度の市民の行動で転落してしまった。なぜそうなったのだろうか。

朴槿恵の父はクーデターで政権を握り軍事独裁を続け暗殺された朴正熙《パクチヨンヒ》元大統領だ。親の高い知名度を受けて彼女は大統領に当選した。このあたりも安倍首相に似ている。

朴槿恵の手法は密室政治で、謎に包まれていた。メディアの暴露でわかったのは、朴が親しい実業家でシャーマン（祈祷師《きとうし》）の女性に国家機密を流し、その指示を受けていたことだ。国政が怪しげな一人の女性に左右されていたのだ。この女性は大統領の権力を利用して懐を肥やした。一国の政治が私人の言うなりになり、税金が不正に使われていたのだ。これも今の日本と似ている。

それにしても多くの市民が行動に立ち上がったのには感嘆する。その理由を参加者に聞くと、思いがけない言葉が返ってきた。「私たちが奮起したのは、前の年に日本人が国会を包囲したニュースを聞いたからです」というのだ。

２０１５年夏に国会前に集まった約１２万人。そこに参加した人は誇っていい。あなたの行動が韓国の政変を招いたのだ。

とはいえ、日本と韓国では集まった人数の桁が違う。なぜこれほどの差が出たのだろうか。取材すると、理由が二つ見つかった。

一つは歌だ。演説の合間を歌が盛り上げた。

デモの日は市庁舎前の広場にステージを作り、コンサートやフリートークなどのイベントをした。希望する市民は誰でも一人３分で意見を述べるようにした。ここは昨今の日本の国会前行動と似ているが、コンサートという鳴り物入りに仕立てるところが違う。

コンサートに登場したのが名高い女性歌手楊姫銀《ヤンヒウン》さんだ。歌ったのは「朝露」など３曲。いずれも朴槿恵の父、朴正煕の軍事独裁下で民主化を求める人々が歌い、政府に禁止された歌だ。集会の参加者たちも声をそろえた。

夜８時、人々は紙コップにロウソクを立てて掲げ、デモに出発した。デモの中から自然発生的に歌が出た。「ハヤ、ハヤ、ハヤー」と叫ぶ「ハヤ（下野）ソング」だ。民謡のメロディーに歌詞をつけた替え歌で、作詞は民衆歌謡作曲家のユン・ミンソク（本名・伊晶煥《ユンジョンファン》）さんだ。

彼が作詞作曲した「これが国か」も出だしは同じく「下野」で、力強く歌うからハイヤーに聴こえる。「これが国か、犯罪者の天国、庶民は地獄、もう我慢できない、朴槿恵は今すぐ下野しろ、朴槿恵を投獄せよ」という凄まじい歌詞である。

さらにデモの人波から湧き起こったのが、ミュージカル「レ・ミゼラブル」で革命の歌として歌われる「民衆の歌」だ。まるでフランス革命のような雰囲気が生まれた。このように民衆を鼓舞する歌があり、ロウソクを掲げるという共通した行動があった。ロウソクの灯はほのかに明るく温かみを感じさせてくれる。デモに行けば見知らぬ人とつながるし、政治を動かしている実感が得られた。

日本でも１９６０年代のベトナム反戦や反公害の市民運動ではみんなで歌う歌があった。パフォーマンスもあった。だから盛り上がった。今の日本でもシールズの若者たち、うたごえ運動の人々がすでにこうした取り組みを進めている。その規模を広げればいい。

〈メディアを動かす〉

もう一つはスマホだ。

民衆総決起に参加した人々は群衆の写真を撮ってインターネットで配信した。それが急激に拡散した。画面を見た人が自分も参加しようと考え、ネズミ算的に参加者を増やした。

韓国には日本より2〜3年早くスマホが入り、若者だけでなく年配者も使っている。というより年配者の方が若者よりもスマホを使っている。かつて「親指対人差し指の闘い」があった。若者は親指でサササッとスマホを操作するが、年配者は人差し指でチョンチョンと入力する。選挙のさいに若者と年配者と、どちらがスマホで多く発信しているかを調べると、年配者の方が多かった。このために「人差し指が親指に勝った」と言われたくらいだ。

韓国の人々がスマホを多用するのには理由がある。韓国では新聞やテレビなどマスコミは日本以上に権力と結びついている。だから民衆はメディアを最初から信用していない。メディアに頼らず、自分たちが発信しようとするのだ。その結果、これだけ大勢の人々が集まり、メディアも報道せざるをえなくなった。つまり民衆がメディアを動かしたのだ。

日本では「せっかく集会をしてもメディアが報道してくれない」という嘆きの声をよく聞く。「ならば自分たちで発信しよう」と韓国の市民は考えるのだ。メディアにお願いするのでなく、メディアを動かそうと考える方が積極的だし効果を期待できる。

日本の年配者は最初からスマホを敬遠しているが、韓国の年配者にならって、今すぐ契約しよう。使い方は若者に教われればいい。そうすれば世代間の交流もできる。

最初にデモを呼びかけたのは１９９４年に発足した参与連帯を中心とする市民運動団体だった。これにさまざまな市民団体が加わり、約１５００もの団体で構成する主幹団体「国民行動」に発展した。参加者は挑発行動をとらないよう申し合わせ、ゴミを拾いながら行進する整然とした動きに終始した。

韓国で歌が市民の行動に勇気を与えた例は、その前にもあった。２００８年のＢＳＥ、いわゆる「狂牛病」問題のときだ。米国から危険な牛肉が輸入されようとしたとき、ソウルの市民は夜、ロウソクを掲げて市庁舎前に集まった。約１００日間、数千人から数万人が集まって政府の米国追従を批判した。この時に歌われたのが「大韓民国憲法第一条」の歌だ。

韓国の憲法第一条は「大韓民国は民主共和国である。主権は国民に在り、すべての権力は国民に由来する」だ。この条文にメロディーをつけて、参加者たちは合唱した。文字通り、憲法を活用したのだ。この歌を作ったのもユン・ミンソクさんだ。

日本でも、ぜひ取り入れたい手法ではないか。

〈エストニアの「歌う革命」〉

歌で政治を変えた例はほかにもある。東欧のエストニアだ。相撲取りの把瑠都《ばると》の故郷である。歌でソ連からの独立を訴えた。

この国とリトアニアとラトヴィアを加えてバルト三国という。ヨーロッパの北にあるバルト海に面しているからだ。いずれも北海道よりも小さい。石畳の街やおとぎ話に出てきそう城など、中世の風景がそのまま残っている。

この三つの国の悲劇は、西にドイツ、東にはロシアという二つの強大な国にはさまれていることだ。1939年、スターリンのソ連とヒトラーのナチス・ドイツが不可侵条約を結び、密約によって三国とも無理やりソ連に組み入れられた。戦車で侵攻してきたソ連軍により翌1940年、強制的にソ連に併合されたのだ。反対する人々は逮捕され、約2万人がシベリアに送られた。

それだけになんとか独立したいというのが人々の悲願だった。

エストニアでは1869年から5年に一度の歌謡祭が開かれている。首都タリンの郊外には歌謡祭に使われる専門の広場がある。「歌の原」と呼ばれる広大な緑の芝生だ。芝生の向こう

1988年の「歌う革命」に集まった30万人の人々の写真が「歌の原」に掲げてある

には真っ白な三日月形の野外音楽堂がそびえる。コンクリートの段が数十段も並び、一度に大勢の人々が舞台に上がることができる。

歌謡祭では全国各地から集まった合唱団がそれぞれの民族衣装を着て、各地に伝わる伝統的な歌を歌う。みんなが声をそろえるのは「我が祖国は我が愛」という歌だ。「我が祖国は我が愛　汝に捧げし　我が心　汝に歌わん我が幸　咲き匂う花のごとく　麗しき地よエストニア……」という、母なる地への賛美が続く。作詞したのは19世紀の女性詩人で、日本でいえば「故郷」に当たる国民的な歌だ。

この歌は第2次大戦後の1947年に初めて「歌の祭典」で歌われた。以後はソ連当局によって禁止された。1965年に再開されたときは2万6千人が歌い12万人が聴いたという。その後もおおっぴらには歌えなかった。

ベルリンの壁が崩壊する前年の1988年9月11日、この「歌の原」に約30万人もの市民が集まり、歌でソ連からの独立を求めた。30万人のだれからともなくこの歌が口をつくと、当局は止めることができなかった。

人々は歌いながら、禁じられていたエストニアの旗をバッグから取り出して振った。当時は、持っているだけで逮捕された旗だ。自宅の床の下などに隠していた旗がなびいた。

それから3年後、エストニアは独立を果たした。歌をもって独立運動としたこの動きは「歌う革命」または「歌いながらの革命」と呼ばれる。非暴力で平和な「歌の革命」が、武力の抑圧をはねのけたのだ。


〈バルト三国の「人間の鎖」〉


歌う革命に続いて、バルト三国が共同で実行したのが「人間の鎖」だった。

ソ連からの独立を求めて三つの国の人々が、三つの首都を結ぶ「人間の鎖」を完成させた。リトアニアの首都ヴィリニュスからラトヴィアの首都リーガを経てエストニアの首都タリンまで、600キロ以上を200万人以上もの人々が両手をつないで独立の意志を示した。東京から姫路まで線路に沿って、人々が途切れなく手をつないだ光景を想像してみてほしい。

それは1989年8月23日だった。50年前のこの日に密約が結ばれ、バルト三国はソ連に組み入れられたのだ。屈辱の記念日から半世紀を経て、人々は抗議の意志を非暴力で示した。

リトアニアで出会った若い女性シモーナさんが参加したのは5歳の時だ。その記憶がありありと残っている。お母さんが「行こう」と言い、迷っていたお父さんと2歳の弟とともに4人でバスに乗って、人が少ない郊外を目指した。そこでシモーナさんは知らない男の子と手をつないだ。

鎖を完成させたのは午後7時からの15分間だ。列をなした頭上に花びらが舞った。市民があらかじめ空港に持ち寄っていた花が、飛行機で上空からまかれた。

みんなでいっしょに歌った。「バルト三国は目覚めた（ブンダ・ヤウ・バルティヤ）」という歌だ。「三国は姉妹だ。ソ連に占領されたが今、私たちは目覚めた」という歌詞である。今でも歌うとワクワクした感覚が蘇ると、シモーナさんは言う。

「人間の鎖」を組織したのは三国それぞれにできた国民戦線という市民組織だ。当局にばれないよう慎重にことを運んだ。鎖が途切れないように工夫もした。なるべく人が少ない郊外にバスで行くよう呼びかけ、人が少なかったときのために、離れた人をつなぐベルト2本を持参するよう訴えた。ミニバスを繰り出し、人が多いところから少ない場所に運んだ。これだけの準備をして当日を迎えたのだ。

ラトヴィアの首都リーガの国民戦線博物館を訪ねると、「人間の鎖」の写真を等身大に拡大した人型があった。二つの人型の間に入って、私も手をつないでみた。足元には鎖の道筋を示す地図があり、自分が人間の鎖の一部になったような気がした。

リトアニアの首都ヴィリニュスとエストニアの首都タリンには「人間の鎖」の南北の起点を示す記念碑がある。両方とも50センチ四方の四角い敷石に、裸足の足形が彫られている。足形は長さが30センチもあり、彫りが深い。強い意志で大地を踏みしめたことを象徴するかのようだ。

今も毎年、8月23日には記念行事をしている。鎖の道筋のあちこちでたき火をし、そこに立った人が隣の人にケーキを贈り合う。

とかく大国は身勝手なものだ。間に挟まれた小国はひどい目に遭う。しかし、それをはねのける力が人々にはある。連帯という力が。

強大な軍事力を背景とした国家規模の圧政に対して、一人の人間の力は弱いものだ。しかし、200万人もの人々の一致した行動を目の当たりにして、国家は抑圧の力を失った。同時に人々は自分たちの持つ連帯の力を実感し、ここから本格的な独立回復への市民の闘いが目に見える形で始まったのだ。

人間の縦のつながりが重視される管理社会は、個々人にとってはうっとうしい。縦社会にとらわれると、生きていくのが嫌になる。しかし、人間の社会は本来、横のつながりがあってこそ成り立つものだ。横を強化することで、縦の圧迫をはねかえすこともできる。縦社会にたじろぎそうになったとき、横のつながり、そして網の目の人間の力を確信すれば、自然と力が湧いてくる。

第4章　日本の岐路——今こそ立ち上がるとき

1　安倍政権と改憲の動き

〈安倍改憲案の意味〉

日本の宝、いや世界の宝である日本国憲法9条が今、戦後最大の危機にさらされている。安倍政権は憲法を無視し、歴代の自民党の約束事さえ反故《ほご》にして改憲に突き進んだ。２０１５年9月には「戦後最悪の違憲立法」と呼ばれた安全保障関連法案、いわゆる戦争法が国会で強行採決された。違憲とされてきた集団的自衛権の行使が可能となり、米国に従う形で海外に出て武力行使することも認められた。政府は憲法を勝手に解釈して、日本を「戦争ができる国」にしてしまった。

２０１７年3月、安倍首相は自民党の大会で党の規約を変更し、自らの総裁任期を3年延長できる道を開いた。独裁者への道をまっしぐらに進んだのだ。その上で5月3日の憲法記念日には独自の改憲案を発表した。憲法9条は1項で戦争放棄を、2項で戦力を持たないことを規定する。その後ろに新たに書き加えて自衛隊を憲法に明記しようというのだ。

法律では後で書いた条項が前に優先する。後法優先の原則あるいは「後法は前法を破る」とも言う。このため１項と２項のあとに新たに追加すれば、実質的に現在の９条の内容を空文化することになる。こうした姑息《こそく》な方法で国軍を復活しようと画策するのが今の政権である。

「２０２０年には新しい憲法が施行される年にしたい」と安倍首相は豪語した。

憲法９条に新たな項目が入れば、日本はどうなるのだろうか。安倍首相は、今もすでに自衛隊は国民に広く認められているから前と変わらないと言った。変わらないならわざわざ付け加える意味がないではないか。

自衛隊に対して国民がそれなりに認知しているのは、災害救助に果たしてきた役割だ。しかし、自衛隊の存在理由はあくまで軍隊であり武力の行使だ。この核心的な部分について多くの国民は認めていない。安倍首相は、災害救助を口実に国民の自衛隊への好感を引き付け、それをもって武力の行使まで認めさせようとした。これは国民を欺くあざとい詐欺である。

世界と日本で目に見えて違うのは、空港で迷彩服姿の軍人を見かけないことだ。他の国では公の場で当たり前のように制服姿の軍人を目にする。日本ではそれがない。自衛隊は身を縮めているのだ。国民の反発をかうまいと気にしているのだ。

憲法に自衛隊が明記され国軍として認知されると、正規の国軍兵士として堂々と大手を振って街を歩くようになる。制服姿の自衛隊員が中学校や高校に軍用車で乗り付け、卒業生を自衛隊に入れるよう勧誘するだろう。全国に散らばる自衛隊の基地ではおおっぴらに祭が行われ、子どもを戦車に乗せ自動小銃を持たせ、ついには実射させるかもしれない。それがごく当たり前の光景になっていく。制服姿が街にあふれれば、国民は威圧されるだろう。今でさえおとなしい国民がますます萎縮する。

もっと具体的な変化は防衛予算の増額だ。現在は5兆円規模に限られているが、米国の年来の圧力に応じて倍の10兆円規模に膨らむだろう。その分、削られるのが福祉、教育、医療費だ。福祉の後退に拍車をかけることになる。年金など大幅な減額となり、国民は安心して老後を迎えることができなくなる。

防衛費が増えれば、ただちに隣の中国や韓国、もちろん北朝鮮を刺激する。それが軍拡競争の引き金となる。軍は、いったん認めれば増殖する。軍事費はどんどん膨らむ。それは近隣諸国の軍事費を増やすことに直結する。

中国の2018年の国防費は約19兆円だ。今でさえ日本の4倍近い。中国の経済規模はやがて米国をしのぐ勢いだ。米国の2019会計年度の国防予算は78兆円である。米国に対抗する中国が、これ以上の費用を軍事に充てることだってありうる。

軍隊の発想は分かりやすい。力の強い方が勝つ。軍事力をつけるためには装備に莫大な費用をかけ兵士を増やせばいいと考える。そのためには自国の予算規模など考えずに軍備拡大に走ろうとする。自衛隊が国軍化すれば、日本も中国と同じくらいの防衛費をつけようという発想が必ず生まれる。

そうなると防衛費を１０兆円どころか、その倍の２０兆円、いや中国との対抗上せめて５０兆円にしようという声も出て来るだろう。

そんなお金をどこからひねり出すのか。現在の日本の予算は１００兆円規模だ。予算の半分を防衛費に充てるなら、もはや軍事国家にほかならない。そうなれば国民の年金はもはやない。医療費も教育費も全額自己負担にするしかない。自ら北東アジアの緊張を高めて、その結果として国民生活を圧迫させるという、実に愚かな道を走ることになる。

〈上からのクーデター〉

２０１７年６月には共謀罪が国会で強行採決された。政府に反対する国民の運動を警察が監視し、疑いを持っただけで捜査も逮捕もできるという非民主主義的な人権侵害の法律だ。日本を軍国主義に追いやった悪名高い戦前の治安維持法そっくりの悪法である。政府はそのかたわら義務教育に戦前の修身を復活し、天皇制を賛美する教育勅語を再び採りいれようとする露骨な戦前回帰の政策を進めている。

こうした事態はごく最近に始まったのではない。

自民党は２０１２年に「日本国憲法改正草案」を出した。第一条で天皇を元首と定め、国旗としての日章旗、国歌としての君が代を強制する。国民主権をないがしろにするだけではない。結社の自由や公務員の権利を制限するなど、国民の権利を大きく抑圧し、戦前の統制国家に戻そうとする時代遅れの反動憲法案である。

天皇の規定に続くのが国防軍だ。それも日本の防衛に限るのではなく世界どこにでも出撃するという。主権が天皇にあり、国民の権利が制限され、かつ公務員が政府に統制されたうえでの無制限な軍事行動といえば、もはや戦前の帝国憲法そして軍部の復活だ。憲法の改悪といったレベルではなく、国の在り方を根本から覆し、一〇〇年前に戻してしまう。

憲法とはそもそも政治家たちの権力を縛るものだ。憲法第99条は天皇と並んで「国務大臣、国会議員、裁判官その他の公務員は、この憲法を尊重し擁護する義務を負ふ（う）」と明記している。その彼らが憲法を擁護するどころか、壊してまったく別物にしようとしている。こんな発想を持った政治家がこの国の政権を握っているのだ。自民党が現在行っているのは、憲法違反であるのはもちろん、「上からのクーデター」と言えよう。

公正な選挙で選ばれた議員というが、２０１７年の総選挙の小選挙区で自民党の得票率は48％だった。しかもすべての有権者のうち自民党に投票した絶対得票率は25％に過ぎなかった。それでいて289議席のうち215議席を占めた。議席の占有率は74％である。48％しか得票していないのに74％の議席を手にするなど、これが民主主義だろうか。

全体的な民意がより反映される比例区の得票率を見ると、自民党が獲得した票が有権者総数に占める絶対得票率は17％に過ぎない。2割にも満たない票で議席の38％を占めた。

これは明らかに小選挙区制という非民主主義的な制度の弊害である。その議員たちが国民の代表と言い張って国民から主権を奪おうとしている。日本を戦前に引き戻そうとしている。これが21世紀の民主主義だろうか。

〈民主主義の否定〉

「民主主義の否定」という大見出しが1面に載ったのは2013年12月6日の東京新聞だ。この日の深夜の参議院本会議。自民党と公明党の与党だけの賛成で、特定秘密保護法を成立させた。

わずか10分で終わった採決のさい、傍聴席からは「市民の声が聞こえないのか」という女性の叫びが議場に投げかけられた。議場の外では「戦争は秘密から」「知る権利は国民にある」などプラカードを掲げた市民が抗議の声を張り上げた。

この日の夕刻、都心の日比谷野外音楽堂に1万5千人が集まり、国民の反対を無視する動きを糾弾した。大阪では自民党大阪府連前で、福岡では博多駅前で、名古屋では市中心部の広場で、全国各地で大勢の人々が政治の横暴に体を張って抗議した。

特定秘密保護法もまた戦前の治安維持法に似た天下の悪法である。防衛や外交、スパイ活動、テロ活動の四項目で国の秘密を漏らした人を厳罰にすると定める。ところが、何が秘密かも秘密なのだ。政治家や官僚の勝手気ままで国家の秘密が決められ、「秘密を漏らした」としてわけのわからないまま国民が逮捕され、懲役刑になる。

原発の被害や危険性を調べようとしたら、国家機密を探る行為だと脅される。政府が隠している情報を手に入れようと記者が迫ると秘密の漏えいを促す行為だとして逮捕され、報道機関が警察の捜索を受ける。原発をやめようと人々に訴えれば、不穏な行動をあおるとたちまち手錠をかけられる。

いったん秘密に指定されれば60年間も秘密のままだ。その後も政府の決定で延長できる。つまり政府が秘密に指定すれば、永久に国民の目に触れなくなる。これが民主主義と言えるのか。密室政治そのものではないか。

公務員は政府に従順かどうか、家族や親せきに至るまであらかじめ身辺調査される。自民党の石破《いしば》茂幹事長（当時）は2013年11月、自身のブログで市民のデモをテロ行為と同一視した。テロ呼ばわりで市民運動を封じ込めようとする。テロとは元来、フランスで国家権力が国民を弾圧したときに生まれた用語だ。与党の政治家こそがテロを行っているのだ。

さらに怖いのは、こんな法律ができたことによって国民が委縮することだ。何か言えば捕まるかもしれないと思えば、人は自粛しがちだ。もの言えば唇寒しと、何も発言しなくなる。それどころか政治について考えもしない社会になっていく。

これって、まさに戦前の軍国主義の社会そのままではないか。このまま進めば日本は不自由かつ非民主主義がはびこる、世界にも稀な管理国家になってしまう。

世界は違うぞ！

ドイツにも秘密を保護する法律はあるが、秘密を明らかにするよう政府に迫る組織が議会にある。また、報道の自由を強化する法律が２０１２年に成立した。英国でも２０１０年に秘密の指定期間が３０年から２０年に短縮された。米国では政府の秘密はすべて２５年で自動的に解除される。世界の政治は秘密をなくす方向にある。日本はその正反対だ。

この法律が成立した2日後、朝日新聞が世論調査の結果を発表した。国会論議が不十分だと考える国民は７６％、秘密保護法の運用に不安を持つ人が７３％もいる。国民を安心させるためにあるべき法律が、逆に不安に陥れる。明らかに悪法だ。

なぜこんな法律を無理やり通したのか。それは、これをテコに憲法を改悪して自衛隊を国軍とし、国民を政府の支配下に置く強権国家にしたい安倍首相の思惑があったからだ。

〈アベノミクス〉

2014年4月には消費税が5%から8%に引き上げられた。財政を健全化させると政府は言うが、同時に企業向けの大幅な減税も決めた。つまり国民から吸い上げたカネを大企業にまわすということだ。

自民党は経済再生と財政健全化を掲げる。その政策はつまるところ、大企業にテコ入れして景気を上向きに持っていけば、自然と社会全体の景気も良くなるという考えに基づいている。これは「神話」である。それが間違っていることはアメリカで実証済みだ。

1980年代のレーガン大統領の時代にトリクルダウン(滴り落ちる)という理論が盛んに叫ばれた。大企業がもうかれば、その利益がやがて雨のしずくのように滴って庶民に行きわたる、という考え方である。言い方を変えれば、大企業のおこぼれで庶民は生きていけ、という発想だ。実際、皮肉を込めて「おこぼれ経済」と呼ばれた。

これは新自由主義に典型的な発想だ。富める者を重視し弱者を社会の厄介者と位置付けるものだ。レーガン大統領が取り組んだ経済政策のため、レーガンとエコノミクスを合わせてレーガノミクスと呼ばれた。そう、アベノミクスはこれをそのまま取り入れたのだ。いかにもアメリカに追随する政権らしい無批判、無節操な物真似である。

そのレーガノミクスはどうなったか。一時的に景気は良くなり、失業率は改善した。やがて財政赤字が爆発的に膨らみ、それが米国経済を崩壊させた。次のクリントン政権になって逆に弱者中心の政策に代わり経済は立て直された。レーガン政権の経済顧問が後に「レーガノミクスはレトリックに過ぎなかった」と自嘲的に語っている。つまり言葉の上での巧みなごまかしだったと言うのだ。

日本ではなおもアベノミクスがもてはやされているが、中身は砂上の楼閣だ。日本経済を救うどころか、その先に今よりひどい財政赤字を抱えることが目に見えている。

安倍首相と自民党の政策は、一部の金持ちや大企業だけの儲けしか頭にない。そのために平気で国民を犠牲にする。経済政策だけでなく、原発やＴＰＰに対する政策を見ても同じだ。電力会社や大企業だけが懐を肥やせばいいという考えが今の日本でまかり通り、一般の国民生活がわきに追いやられている。

それを目に見える形で示したのが、消費税の値上げだ。消費税の収入は本来、年金や医療などの社会保障に使うと法律で決まっている。安倍首相もそう断言したが、企業向けの減税とセットとなれば消費税の増税分が企業の利益にまわされることは明らかではないか。

政府はいったい、だれのためにあるのか。一部の富裕層がいっそう豊かになり、貧しい人はさらに貧乏になるとどうなるか。それは世界の動向が明らかに示している。人々の不満は暴動となりかねない。羊のようにおとなしい日本人だからと甘く見ていれば、手痛いしっぺ返しを食らうだろう。

こうしたアベノミクスを政権が進める背景に見えるのが軍国主義化だ。自衛隊が憲法に正式に盛り込まれたとしても、すぐに徴兵制にするわけにはいかない。自衛官を恒常的に補充するためには、自衛隊に志願する若者を増やさなければならない。ところが、若者が喜んで自衛隊に志願するわけではない。

そこで自衛隊に入らざるを得ない若者を作り出そうとするのがアベノミクスだ。安倍政権の政策は社会に正社員と非正規社員の格差を設けるように仕向けてきた。非正規社員は地位も危ういし賃金も安い。こうした正規の道からはみ出た人を意図的に作りあげて自衛隊に吸収しようとするのだ。これは米国で行われている政策である。ここでもまた自民党政権はアメリカへの追随を見せる。

〈メディアの役割〉

映画「男はつらいよ」シリーズを制作した山田洋次監督に２０１３年にインタビューした際、監督は私にこう言った。

「自民党の安倍政権が国民の７０％もの支持率を得ているとマスメディアは言うけれど、国民をそうしたのは日本のマスメディアではないですか。自分たちで世論を作っておきながら、それをもとに安倍政権を持ち上げるのは、おかしくありませんか。今の日本は、戦争を知らない世代が政治を牛耳《ぎゅうじ》っています」

まさにその通りだ。

中国や韓国との領土問題で日本人の愛国心をあおり、北朝鮮のミサイルをことさらに強調して国民を戦々恐々とさせ、その一方で原発の撤廃を求める市民運動は黙殺してきたのが日本のマスメディアだ。

中でも読売、産経新聞は完全に自民党政権と大企業の宣伝機関と化してしまった。安倍首相が憲法改定案を示したのは、国会の場ではなく読売新聞の紙上である。インタビューに答えると言う形で持論を展開し、それを新聞がスクープのように書く。国会で議員が追及すると「読売新聞を読め」と首相が言う。政治とマスコミの癒着をこれほどあからさまにしたのは珍しい。開発途上国の独裁政治ならありえるが、先進的な民主国家でこんなことがまかり通るなら、表現の自由をマスコミ自らが捨てたも同然ではないか。

今の新聞社や放送局のニュース部門でジャーナリズム精神を抱いて記事に活かしている記者は少数派でしかない。多くの記者は過度に自主規制して、ジャーナリストという職業意識を放棄している。マスコミ会社の単なるサラリーマンとなり無難な記事だけを書く。官庁に配置した記者クラブにいて役人が語る言葉をそのまま伝えるのが仕事だと考え、市民が政治への抗議デモをしても「一部の人の動きを伝えるのは中立でない」と「中立」の名の下に無視する。役所の言うことをチェックするのが本来のジャーナリズムではないか。

そうした中で、反骨精神を持つ新聞や記者が登場してきた。官邸の記者会見で果敢に官房長官を追及する東京新聞の望月衣塑子《いそこ》記者に国民は喝采を送った。ようやく国民の声を代弁する記者が出てきたと思ったからだ。記者会見といえば、大半の記者は黙ってメモするだけだったが、望月記者は市民の立場に立って疑問を率直にぶつけた。記者クラブを仕切っていた記者の中には彼女の発言をやめさせようとした者もいたが、彼女はそれに屈しなかった。

望月記者は社会部の記者だ。記者会見で鋭く質問をするのは社会部では当たり前だ。だが、政治部や経済部では当たり前ではない。何の質問もせず、ひたすら発表をそのまま伝える記者が多く、政治家や経済界の提灯持ちと揶揄《やゆ》されてもしかたなかった。記者魂を発揮する記者がいれば政治家よりも周囲の他社の記者から邪魔された。

望月記者が優れているのは、部の垣根を越えて政治部の会見に行く道を開拓し、政治部の場でも社会部のスタイルを貫いたことだ。新聞社も日本の組織で、政治部や社会部など部ごとに縦割りで役目を決めている。政治部の領域には社会部は踏み込まないのが原則だった。それを望月記者はやすやすと越えてしまった。

社会部の望月記者を政治部の会見に出させた東京新聞の政治部も立派だ。メンツにこだわることなく、活躍の場を用意した。東京新聞はそれまでも「こちら特報部」でユニークな視点から政治や社会の矛盾を突いて来た。朝日新聞がおかしくなってこの方、東京新聞に替える読者が増えたのも当然の現象だと言えよう。

〈メディアを育てる〉

その朝日新聞も森友学園をめぐる財務省の公文書改ざんをスクープし、政権が国民を欺いてきた事実を暴露した。このところ地方の新聞が元気だ。沖縄の琉球新報や沖縄タイムスは以前から市民の立場に立って報道している。ようやく日本のジャーナリズムが在るべき姿に戻りつつある。

メディアを語るとき日本社会のもどかしさを感じるのも事実だ。日本ではメディアへの期待が大きいあまり、メディアの報道する内容をまるで「天の声」のようにとらえがちだ。マスコミは神様ではないし、記者は天使でもない。最初は崇高な精神に燃えてジャーナリズムの世界に入った若者も、そのうちに出世を望むただの会社員になりがちだ。本来はジャーナリズムの立場を堅持すべきだが、初志を貫くのは少数でしかない。

それを鍛えるのが読者であり視聴者だ。欧米に比べて日本のメディアは未熟だと言われるが、メディアそのものに大きな違いはない。欧米のメディアだって政府に追随することはある。メディアをめぐる違いは、むしろ受け手の側にある。

たとえばＮＨＫは政府からカネが出ているから政府の宣伝を垂れ流している、とよく言われる。新聞が電力会社から広告をもらっているから原発の批判をできないとも言われる。それは違う。政府からカネが出るのは英国のＢＢＣも同じだ。原発に対してしっかり主張するドイツの新聞にも電力会社の広告は出る。

欧米では、テレビや新聞の報道の内容に対して視聴者、読者がしっかり反応する。ひどいと叱るだけでなく、良くやったという激励も出す。いわばスポーツ選手とコーチの関係だ。選手自身が頑張らなければならないのは当然だが、ときに緩みが出る。そんなときにコーチが叱り、励まし、巧みにアドバイスして選手を引っ張って高みに連れて行く。

欧米では読者、視聴者がそれをやっている。ＢＢＣは政府に対してきちんと主張する。欧米の新聞は大統領におもねるのではなく、権力は常に腐敗するという発想で政治家に接する。ＢＢＣに対して政府が圧力をかけようものなら、視聴者が反応してＢＢＣに支援の声を大量に寄せる。その実績があるから圧力に対して闘えるのだ。

ジャーナリズムは民度の象徴だ。ジャーナリズムに身を置く者には不断の努力をするよう奮起を促したい。市民社会を築こうと考える市民には、メディアにどんどん主張してほしい。いっしょになって日本のメディア環境を本当の先進国並みに近づけようではないか。

２　９条と北朝鮮

安倍首相は森友問題や加計問題の不正疑惑が公になり、国民の支持率が急落した。焦った安倍首相は北朝鮮の核開発やミサイル発射を利用して国民に恐怖心と危機感をあおり、支持の回復を図ろうとした。歴史上、どこの国でも内政で危機を迎えた政権は国民の目を他の国に向けて自分への批判をそらそうとしてきた。末期的な政治家が世界で行ってきたことを、安倍首相が見せた。

〈ミサイルの実態〉

いま、国民の多くが恐怖を感じている。北朝鮮が発射したミサイルが今にも頭の上に落ちて来るのではないか、という不安だ。これに対して政府はＪアラートという警報システムを考えだした。その訓練が全国の小中学校で行われ、かえって恐怖心をあおっている。

もちろん北朝鮮にミサイルを飛ばさせないことが重要だが、まずは国民の不要な恐怖心を取り除こう。北朝鮮のミサイルがどのようなものか冷静に知れば、不安は急速に遠ざかる。ミサイルについて知識がないから必要以上に怖がるのだ。

北朝鮮が日本向けに持っているノドンと呼ばれる中距離弾道ミサイルは全長16メートルのロケットだ。ふだんは地下に隠しておき、発射のさいはトレーラーのような車両に乗せて引き出し、液体燃料を入れて点火する。途中で燃料が燃えつきると燃料タンクは切り離される。飛んで来るのは直径1メートルほどの弾頭の部分だけだ。

北朝鮮がなぜミサイルにこだわるのだろうか。それはこの国が貧しいからだ。軍事の世界では、ミサイルを「貧者の兵器」と呼ぶ。最新兵器を持てない経済的に貧しい国が、仕方なく頼るのがミサイルだ。

今どきの戦争は、米軍がイラクやユーゴでやったように、飛行機を現地の上空に飛ばし、コンピューターで狙いをつけてミサイルを撃つのが一般的だ。北朝鮮にはそれができない。飛行機を約1000機持っているが、その大半が今の時代に合わない旧式だ。

しかも飛行機はパイロットが操縦しないと武器として機能しない。操縦のためにはふだんからの訓練が必要だ。米国空軍のパイロットが1人年間平均で240時間の訓練をしていたとき、日本の航空自衛隊は180時間だった。離着陸を円滑にするだけでも年間30時間の訓練は欠かせない。では、同じ時に北朝鮮のパイロットはどのくらい訓練をしていたか。答えは、わずか9時間である。飛行機を飛ばすには燃料が必要だ。その燃料を買うカネがないからだ。つまり、北朝鮮には飛行機があっても役に立たない。だから仕方なくミサイルに頼るのだ。

ミサイルが怖いのは、弾頭に核を積んでいるときだ。ならば北朝鮮に核開発をやめさせることを考えればいい。もちろん簡単ではないが、中国や米国を巻き込んだ六か国協議が小泉政権時代に始動した。このように北朝鮮を対話に取り込み、その間は核開発をやめさせることが日本にとって重要だ。安倍首相になってから経済制裁しか考えなくなり、その結果、北朝鮮は核開発に走った。政治は好き嫌いや憎悪の感情で行うべきものではない。何が日本の国益かを考えて行うものだ。

〈朝鮮半島が戦争になれば〉

北朝鮮が日本に攻めて来る……とまことしやかに言われる。ネットで拡散し、週刊誌が書き、多くの人が信じている。頭を冷やして考えてほしい。なぜ北朝鮮が日本に攻めなければならないのか？　領土？　カネ？　人さらい？

戦争になるにはそれだけの理由が必要だ。しかも、数十万人から１００万人単位の人が死ぬほどの、明らかで激しい対立がなければ戦争にまでは発展しない。今の日本と北朝鮮の間に、そこまでの激しい対立はない。

北朝鮮が日本を狙うとすれば、日本にある米軍基地だ。

朝鮮半島では1950年に朝鮮戦争が起きた。北朝鮮軍が韓国に向けて侵攻し、いったんは朝鮮半島の大半を占領した。これに対して米軍を中心とした国連軍と韓国軍が反撃し、逆に朝鮮半島の大半を手にした。そこに中国の義勇軍が介入して押し返した。半島の中央、北緯38度線あたりを斜めに横切る南北境界線で両者は今も対峙している。1953年に休戦協定が成立したものの、この戦争は正式にはまだ終わっていない。

北朝鮮にとっては、圧倒的に強力な米軍がいつ北朝鮮に攻めて来るかしれないという緊張状態が、このときから半世紀以上も続いているのだ。北朝鮮が日本に攻める余裕などない。米軍の攻撃を防ぐことで頭はいっぱいだ。

もし、朝鮮戦争が再び起きれば、国連軍という名の米軍が北朝鮮を攻める。国連軍は日本にある米軍基地を自由に使う権限を持っている。したがって日本にある米軍基地が戦争に使われる。北朝鮮にとっては日本が敵なのではなく、日本にある米軍基地の存在が怖いのだ。

だから日本に米軍基地がなければ、朝鮮半島が戦争になっても日本は戦争の当事者にはならない。米軍基地は日本を守るためにあるというが、米軍基地があるからこのようなとばっちりをくらうことになるのだ。

もし朝鮮戦争が再開したら、どのような被害が生まれるだろうか。かつて在韓米軍は「最初の90日間で米軍の死傷者約5万、韓国軍の死傷者約50万、民間人を含むと死者100万人」という数字を算定した。ごく最近、米軍の陸海空軍の幹部が協議したさいにも、途方もない数の死傷者が出ることが話題になった。

両軍にどれだけの軍事力の開きがあるだろうか。米国のシンクタンクが調査した2017年の世界の軍事力ランキングによると、米国が圧倒的に1位で韓国は12位、北朝鮮は23位だ。ちなみに日本は7位である。北朝鮮がいかに国民をあげて戦っても、米軍と韓国軍に勝てるわけがない。

なにせ北朝鮮が1発撃てば南から2000発返ってくるほど歴然とした戦力の違いがある。戦争をすれば北朝鮮は壊滅する。もちろん最高指導者の金正恩《キムジョンウン》・朝鮮労働党委員長は捕まるか殺される。だから北朝鮮にとって、本当は戦争をしたくないのだ。

米軍にとっても、朝鮮半島のためにこれだけの犠牲を出したくはない。だから、両国とも本当は戦争でなく平和解決を求めている。トランプ米大統領と金正恩・委員長は今にも戦争を起こしそうなほど互いに罵り合ったが、それは見た目に過ぎない。突然、両者は交渉に転換した。交渉の前に少しでも有利に立とうとするのが外交の駆け引きである。

そうは言っても、偶発戦争が起きる可能性は常にある。戦争が起きれば焦土となった北朝鮮や韓国から戦争難民が日本を目指してやってくるだろう。その数が最高で400万人という数字がある。これだけの難民を引き受ける覚悟が日本政府にあるだろうか。日本の社会も経済もメチャクチャになってしまう。

だから日本にとっても、朝鮮半島で戦争を起こさせないのが一番いいのだ。戦争が起きれば被害を受けることになる韓国の文在寅《ムンジェイン》大統領は、米国と北朝鮮の間に入って両者が対話をするよう努力した。これこそ政治家として執るべき行動だ。

〈敗戦国根性〉

そのようなときに安倍首相はひたすら北朝鮮に強硬に当たることだけを主張した。そして国民に対してはJアラートを流し、ひたすら頭をかかえろと言う。頭をかかえればミサイルを防げるとでも思っているのだろうか。国民に対策を強いるのではなく、自ら対策を講じるのが政府の役割だろう。何のための政治家か。

この間、安倍政権がやってきたことは北朝鮮問題を口実にひたすら軍備を強化し、米国から武器を大量に買うことだった。撃ち落とされないでも自分から落ちるようなオスプレイを大量に買い付け、当たらないミサイル防衛システムを大枚はたいて米国から買うことに専念した。

オスプレイは1機が約110億円もする。それが日本の住宅地の上空を飛ぶようになった。

落ちれば日本国民の命が亡くなる。国民を守るどころか、危険にさらしている。

北朝鮮には居丈高になる一方で、ひたすら米国に媚びるのも安倍政権の特徴だ。日本国内の米軍のために日本は2016年度で7612億円を負担した。本来、日米地位協定では出す必要のないカネである。ドイツも駐留米軍に経費を負担しているが、こちらは同じ時期に187 6億円だ。しかもドイツの場合は米軍の訓練に対して騒音規制するなど主権国家としての矜《きょう》持《じ》を示している。日本は米国の言うがまま首都圏の航空管制の権利まで投げ出している。米軍機の騒音に対しては米軍に規制を求めるのではなく、ひたすら日本国民に耐えろと言うだけだ。これって、いまだに敗戦国の根性のままではないか。戦後70年以上もたってなお自らを植民地状態に置くなど、主権国家の政治ではない。

しかも「思いやり予算」という不思議なものがある。かつて日本が景気が良くて米国が悪かった時代に米国を思いやってやろうという、いかにも日本的な発想から自民党の政治家が提唱した。その後、日本の景気が悪くなり米国の景気が良くなっても、なお続いている。こんな理不尽がまかり通っている。まさに植民地状態ではないか。

その中に米軍岩国基地の米軍家族住宅の予算がある。1戸当たり7000万円から8000万円だ。一方で東日本大震災など日本の災害の被災者のための仮設住宅の建設費は1戸当たり238万円だ。あまりにひどい落差ではないか。日本政府はだれのための政府なのか。日本人のためか、米国政府のためか。米国政府にこびへつらう前に、日本の国民を思いやるのが日本の政府というものだろう。

〈対話の外交を〉

こうしたことを考えれば、北朝鮮を相手にどんな政策で臨めばいいか明らかだ。制裁を科すといえば勇ましいが、それが核開発につながるなら、日本にとって逆効果だ。要は対話に巻き込み、核を開発させないことだ。

対話で解決できると説くと、たちまち感情的な反論が飛んでくる。「ミサイルを飛ばすような乱暴な国を相手に対話なんかしても意味がない。日本も核武装で応じるべきだ」と。

隣の国が武装しているから自国も武装すべきだというのは、近くにいる暴力団に対抗するために自分も暴力団を結成しようというのと同じ考え方だ。友だちがブランドのバッグを買ったから私も欲しい、というのにも共通する。はっきり言って野獣の、あるいは幼児の発想だ。

利害の食い違いを武力や暴力で解決しようとすれば自分にも相手にも悲惨な状況をもたらす。紛争に明け暮れ、戦争で肉親を失った人類がようやく気付いたのが、粘り強く対話で解決するのが結局は一番いい方法なのだ、という素朴な結論だった。

中国や北朝鮮は、反対勢力を武力で弾圧するなど非民主的な面が強い。そうした国には、いささかでも民主主義を経験した国として、対話の価値を言いつづける必要がある。中国も北朝鮮も国連の加盟国だ。まったく話が通じないわけではない。

そうした中で安倍政権がやってきたのはまさに軍備の拡大だ。朝鮮半島の全域さらに中国東北地方を射程に入れる長距離巡航ミサイルを導入しようとする。専守防衛を通り越して敵の基地を攻撃できる兵器だ。さらに現在の「空母型護衛艦」を本格的な空母に改修しようとする。

感情に走って軍備を増強すればどうなるか、考えてほしい。米国は軍事化を突き詰めた結果、軍事費が突出して財政が大赤字になり、国民の福祉や教育、医療費が削られた。超大国といいながら失業者がたくさんいるし、病気になっても病院に行けない人だらけだ。同じく超大国だった旧ソ連は米国と軍拡競争をした結果、国が破綻《はたん》してしまった。ロケットを宇宙に飛ばせても、国民にパンを食べさせることができなかった。国威の発揚を叫ぶ政治家には眉に唾しよう。それは国民生活を壊し、市民に犠牲を強いることにつながる。

戦争の世紀と呼ばれた２０世紀を経た２１世紀の今こそ、人類が軍事から対話に具体的に舵を切った時代にしたいものだ。

〈「北」との最前線〉

安倍政権は朝鮮半島が今にも戦争しそうな状態にあると緊張をあおった。その実態はどうか。トランプ米大統領と北朝鮮の金正恩・党委員長が相手を罵り合い、まさに戦争が始まるようだった2017年秋に、韓国軍と北朝鮮の両軍が対峙する最前線を訪ねた。

目指したのは、韓国北部の春川《チュンチョン》市から50キロ北上した国境地帯にある韓国軍「七星師団」の監視所だ。一帯は非武装地帯（DMZ）と呼ばれる両国の境界線である。

市街を抜けて山岳地帯に入ると、行く手にコンクリートの遮断壁がいくつも出てきた。北朝鮮の軍隊が攻めてきた際にはコンクリートの塊で戦車を妨害するためだ。道路の両側には韓国軍の基地が次々に現れる。基地の一つは戦車10両ほどが砲身をこちらに向けている。

1時間ほど走ったところでバリケードが行く手をふさいだ。師団の歩哨所《ほしょうしょ》だ。あどけない表情の少年が完全武装で自動小銃を構えている。まだ10代だ。徴兵されて間もないのだろう。軍人特有の厳しく死んだ目ではなく、澄んだ目をしている。

ここからは軍用車の先導で山道を登った。道路際には有刺鉄線が張られ、あちこちに防御陣地・トーチカがある。その向こうの林にある赤い目印は地雷が埋めてあるマークだ。

丘の上の監視所に着いた。「MP（憲兵）」の腕章をつけ迷彩服とヘルメットで身を固めた長身の中隊長が「１２時の方角をご覧ください」と言う。正面を見ると、山肌を縫うように細い道がくねっている。これが「南方限界線」で、道に沿って鉄柵が延びる。

「１０時の方角を」と言うのでやや左を見ると、韓国軍の監視所だ。屋上に国連旗と韓国の国旗が並んでいる。「右にそびえる山は白岩山《ペガムサン》で、朝鮮戦争のときに激戦があり砲撃で岩肌が削られて白くなったので名づけられました。左手の山は兵士の血で染まったことから『赤い山』と呼ばれます」。あたりが血に染まった光景を想像する。

展望台に着いた。標高は５９６メートルだ。「１２時の方角をご覧ください」と言うので真正面を見ると、川が流れる山間にわずかな平地が広がる。「あれは北の集団農場です」と中隊長が言う。目の前がもう北朝鮮の人々の生活地帯だ。展望台からほんの２～３キロしか離れていない。「春には種まきをする農民の農作業姿が見られます」という。北朝鮮の農民を敵というより同じ民族と感じているのが、その優しい目から感じ取れる。

不気味なほど静かだ。朴槿恵大統領の時代には両側からお互いに拡声器で宣伝放送を流していたが、文政権となってからやめた。韓国軍基地には鉄塔がそびえ、そのてっぺんにお寺を示す「卍」のマークがある。こちら側には宗教の自由があるという意志表示だ。

備え付けの望遠鏡をのぞくと、北朝鮮軍の白いコンクリート造りの監視所がはっきり見えた。向こうは標高７７０メートルの山の山頂だ。屋上に兵士２人が立っている。わずか５００

メートルしか離れていない。２０１６年は北朝鮮の兵士が1人、韓国側に逃げて来て「帰順」した。１９７８年には北側のスパイが３人侵入して銃撃戦となり３人を射殺したが、韓国側も３人が亡くなったという。

とはいえ、韓国側の兵士の目にさほど緊張感はない。外国人を受け入れるくらいだから、差し迫った危機はないと踏んでいるのだ。日本では朝鮮半島は一触即発の危機のように言うが、実際の前線はそんな様子はまったくない。拍子抜けするほど、のどかだ。

〈9条は北東アジアの平和のカギ〉

春川市は韓流ドラマ「冬のソナタ」の舞台となった街である。２０１７年9月、日中韓の三国から識者が参加する国際会議「東北アジア平和フォーラム」がここで開かれた。副題は「非核・反戦・和解・融合」で、どうしたら北朝鮮をめぐる危機を避けられるか探ろうとした。私も日本側の一人として参加し、9条をめぐる日本の状況について発表した。

会場は翰林《ハルリム》大学で、市内の二つの大学と東アジア平和研究所の主催だ。現政権の統一外交安保特別補佐官を務める文正仁《ムンジョンイン》氏が基調講演して「東北アジアの非核化が必要だ」と強調した。注目を浴びたのは金大中政権下で南北会談を進めた丁世鉉《チョンセヨン》・元統一部長官だ。なぜ北朝鮮が核開発をするようになったかの経緯を詳しく説明したからだ。

今は韓半島平和フォーラムの理事長をしている丁氏は、こう語った。「米国がクリントン大統領の時代、１９９４年１０月にスイスのジュネーブで米国と北韓（北朝鮮）の交渉が妥結した。北韓が核活動を中断する代わりに、アメリカは３か月以内に北韓と修交協商を開始し、北韓に２００万キロワットの原子力発電所を建設する、と約束した。それからの８年半、北は約束を守って核開発をしなかった。約束を破ったのは米国側だ。２００３年にブッシュ政権が原発の建設を中断した。北はジュネーブの基本合意は破れたと強く反発して核活動の再開を予告した」と話した。米国の政策変更が北朝鮮を核実験に追いやったというのだ。

丁元長官は北朝鮮がなぜ核開発をするのかについて「核を持たなければ米国からつぶされると思っている」と語った。そして「北の核問題の解決の方法はある。アメリカが北韓に約束して履行しなかった北の体制保障が解決のカギだ。北韓の非核化はアメリカとの平和協定が達成されれば期待できる」と明言した。米国が北朝鮮の体制を保障するだけで危機は回避できるというのだ。交渉の直接の当事者が語るだけに説得力がある。

一方、軍人として南北会談の責任者になったことのある文聖黙《ムンソンムク》氏は「身内を次々に殺す金正恩に人権の意識はない。強力な抑止力の備えこそ戦争を防ぐ」と武力の強化を主張した。

中国の立場を説明した大学教授は「米韓が北朝鮮を攻撃しても北朝鮮側で参戦する考えは、今の中国にはない。中国の関心は統一後の朝鮮半島に米軍が基地を持つかどうかだ。だから当面、北朝鮮の現体制の存続を願っている」と分析した。

中国から参加したのは南京民間抗日戦争博物館の館長だ。彼は広島と長崎を訪ねた時の思いを語った。「平和資料館に初めて行き、石が黒くなった写真を見て最初は何かわからなかった。人間が熱で消えたのを知って驚いた。核を武器として使う人間に怒りを覚える。戦争につながる葛藤をなくす努力が必要だ」と核兵器の廃絶を訴えた。南京の虐殺には触れなかった。

日本からの発言として、「九条の会」の世話人をしている私は、9条を変質させようとするこの間の日本政府の動きと、9条を守ろうとする市民の運動の盛り上がりを報告した。そして「世界は自由・人権・民主主義に向かっている。日本は9条を守るだけでなく活かして、世界に平和を広めるべきだ」と訴えた。

五十嵐敬喜《たかよし》・法政大名誉教授は「ユネスコの精神は憲法9条につながる。9条が持つ平和的生存権は世界で共有されるべきだ」と主張した。神奈川県の市民団体「憲法9条にノーベル平和賞を」の竹内康代共同代表は「市民が手を結んで平和のためにがんばろう」と訴えた。

大学教授やNGO活動家らが意見を述べて討論となり、発言者だけでも約40人に上った。抑止力を強調した文聖黙氏も「対話を通じて北を変える努力が必要だ」と述べ、参加者すべてが対話の重視で一致した。

3日間の会議の最後に採択された「平和宣言」は「対話を通じた共存のみが平和を維持し共

に生きる唯一の道である」と断言しただけではない。日本の憲法9条が盛り込まれた。「日本の平和憲法9条は戦後70年の間、主権国家の憲法を越えて北東アジアの軍事対決を避ける平和の鍵として機能してきた。軍備競争を防ぎ、戦争を予防する国際平和のメカニズムの役割を果たしてきた」と評価した。

ここには重要なことが書かれている。日本は9条のおかげで戦後70年あまり平和が保たれたとよく言われる。が、日本だけではなく北東アジアの全域が、9条のおかげで平和に保たれてきたと言うのだ。それが韓国、中国の代表も参加した会議の総意である。9条が存在する意義は日本だけのものではないのだ。9条の価値を私たちは再認識すべきだろう。

9条はそのあとにもう一度、宣言に出て来る。「平和憲法9条の精神が市民の力で、世界が必要とする平和憲法につながることを希望する」という文面だ。今こそ、9条の世界化が求められている。9条こそ北朝鮮危機を救う要の一つなのだ。

3　軍隊の危険性

北朝鮮は何をするかわからないし、強大化した中国の政権は独裁化を進めている。このような中では、やはり日本にも軍隊が必要だ……と考える人は多い。そこで頭に描いている軍隊は、いざというときに日本の国民を守ってくれるのが前提だ。

だが、日本の近代史上、軍隊が国民を守ったことがあるだろうか。アジア・太平洋戦争で死んだ日本兵の約7割は餓死だったと言われる。戦地に兵士を送りながら食料は送らずに自前で調達させたからだ。指揮官が自分の名誉のために無謀な作戦を考え、いたずらに兵士を死なせもした。日本の軍隊は国体と軍の組織を守ることだけを考え、国民も兵士の命も粗末にした。

日本の軍隊の本質を追ってみよう。

〈国民を殺す軍隊〉

安倍首相が自衛隊を憲法に明記しようと唱えるのは、侵略から国を守るためという理由だ。ここで言う国とはなんだろうか。そう疑問に思うのは、過去の日本軍が国を守ると言いながら国民を見捨てたからだ。戦前の日本の軍隊は国民を守るどころか、国民を殺した。

沖縄戦の末期、女子高校生が「ひめゆり学徒隊」として陸軍病院で負傷者を看護させられた。生き残りの人々に話を聴いた。

空襲で病院は焼け、丘に掘ったトンネルの壕が病院となった。2段ベッドばかりか床も足の踏み場がないほど、重傷の兵士が横たわる。寝るすき間もなく、女子高校生たちは杭につかまって立って寝た。米軍が迫ると、軍の命令で負傷者を壕に置き去りにして逃げた。

動けない兵士には青酸カリが入ったミルクが配られた。飲んで舌先に異常を感じた兵士が気づき、吐いて逃げ出すと背後から同僚に銃撃されたという。生きて虜囚《りょしゅう》の辱《はずかしめ》を受けずという日本軍の戦陣訓は、味方を殺すことを強いたのだ。

空襲の中を逃げ惑った少女たちはガマと呼ばれる鍾乳洞に隠れた。そこには民間人が隠れていた。ところが軍人たちは「俺たちはお国のために戦っているのだ」と言って、民間人を空襲の下に追い出した。お国のために、住民は空襲にさらされた。

少尉が率いる部隊が入ったガマに中尉が率いる部隊が来ると、少尉の部隊は追い払われた。大尉の部隊が来ると、中尉の部隊が追い出された。軍の序列が命の安全の序列となった。民間人は、そもそも序列に入れてもらえなかった。

同じころ作家の司馬遼太郎《しばりょうたろう》氏は東京郊外の戦車部隊にいた。大本営から参謀が来て、米軍が東京湾に上陸したら皇居を守るため出動せよと命じた。司馬氏の上官が「そのような状況下では国道は避難民で満ちて、戦車が通れないのではありませんか」と述べると、参謀は「皇軍に逆らうヤツは非国民だから、戦車でひいていけ」と言い放ったと言う。国民を虫けら扱いにするのが日本の軍隊だったのだ。

天皇制という国体そして政治家や軍人を守ることしか考えず、一般国民を犠牲にしたのが日本軍の伝統である。

ベトナムを取材したさい、北爆で多数の被害者を出したハノイの人口密集地区を訪れた。1972年、米軍は12日間にわたってハノイを空襲し8万トンの爆弾を落とした。この結果、市民1318人が亡くなった。

その説明を聴いてオヤッと思った。東京大空襲では一晩で10万人が死んだ。そのとき落とされた爆弾を調べると1700トンだ。ハノイと比べて2パーセントとはるかに少ないのに、被害者は桁違いに多い。ハノイは東京以上に住宅が密集し、しかも燃えやすい木造の住宅だ。なぜこれだけの違いが出るのか。

調べると、空襲に備えて国が防衛体制を整えたのは同じだが、ベトナムでは市民が生き残ることができるよう国が強固な防空壕を築いていた。トンネルのようになって別の場所に抜けることができるものもあった。日本のそまつな防空壕とは規模が違う。ベトナム政府は国民一人一人の命を大切に考えたが、日本の軍事政権は国民のことなど考えなかったのだ。

ベトナム軍は米軍が来る前にフランス軍と戦った。その最後の決戦場ディエンビエンフーを2013年に訪れた。この戦場で指揮を執ったのが「赤いナポレオン」と呼ばれたボー・グエン・ザップ将軍である。私が訪れた2日前、彼は102歳で亡くなった。

旧フランス軍司令部の跡でザップ将軍の写真集を買うと、勝利した直後の彼の発言が書いてあった。ベトナム兵たちが勝利で歓喜していたとき、彼は荒れた戦場を眺めた。「すぐに頭に浮かんだのは、田植えが近いことだ。まずやるべきは荒れた戦場を一刻も早く元の農地に戻さなければならないということだ」と考えたという。

普通なら大勝利した直後の将軍は得意になって威張るだろう。しかし、ザップ将軍は自分の功績を誇るのではなく、農民の生活に思いをめぐらせたのだ。

ひるがえって戦時中の日本を見れば、無謀な作戦で部下を大量に死なせながら自分だけ生きようとした将軍の話をよく耳にする。ベトナム戦争は、国民のために戦うという明確な理由に沿って戦ったからこそ国民も命を捧げたのだ。国民を守るために戦ったベトナム軍と、国民の命など最初から考えていなかった日本軍との違いがここに見られる。

〈軍隊は暴走する〉

軍隊は他の国との紛争に備えるものだが、それ以前に自分の国で紛争を起こしがちだ。

１９３２（昭和７）年の５・１５事件では、若い士官たちが「国家の建て直しのために」と武装決起した。首相官邸に押し掛けた将校たちは「問答無用」という言葉とともに犬養毅《いぬかいつよし》首相を殺害した。

実はこのとき反乱将校たちは、来日したアメリカの喜劇俳優チャップリンを暗殺する計画を立てた。この日の首相官邸では、前日に来日したばかりのチャップリンの歓迎会が催されることになっていた。将校たちは、人気があるチャップリンを殺すことでアメリカの国民を怒らせ、日米開戦に持ち込もうと考えた。首謀者の古賀清志《きよし》中尉が検察に供述している。チャップリンは突然「相撲が見たい」と言いだして国技館に行ったため難を免れた。映画俳優を殺して開戦に持ち込もうと考えるなど、常識では考えられないことだ。武器を手にした人間は戦争になってからでなく、武器を持った瞬間から非常識になる。

1936（昭和11）年には2・26事件が起きた。軍部は反乱した将校たちに同情的な立場をとり、ここから急激に日本は軍国化した。満州（中国東北部）では日本軍の出先機関にすぎない関東軍が暴走して謀略事件を引き起こし、中国側のテロを口実に勝手に戦争を始めた。事実は戦争に持ち込もうとした関東軍が引き起こしたものだ。政府は軍部に引きずられてついには軍人が政権の中枢に座り、日本は軍事国家となった。

アジア・太平洋戦争が終わった1945年8月15日、戦争を続けようとする将校たちが反乱を起こした。終戦の玉音放送をさせまいと近衛師団長・森赳《もりたけし》を殺し、近衛兵を動員して皇居に機関銃を向けて占拠したのだ。天皇を守るための部隊が天皇に反乱を起こした。NHKにも突入し、決起したことを国民に放送させようと放送局員の胸にピストルをつきつけた。気骨ある放送局員が拒否したためあきらめたのだ。この史実を著書『日本のいちばん長い日』（1995年、文藝春秋）にまとめたのが月刊誌『文藝春秋』の次長だった半藤一利《はんどうかずとし》さんだ。

半藤さんに会って日本の軍隊について聞くと「日本の軍隊は成り立ちからして天皇の軍隊であり民草《たみくさ》の軍隊ではない。官僚も天皇の官僚であって国民の官僚ではない。軍隊は解体されたが、天皇の官僚は残った。これでは信用しろったって無理です」と語った。

現在の財務省や文科省の官僚の実態を言い当てるようである。官僚は今も昔も国民に向いていない。昔は天皇だったが、今は政権、それも自民党だけに向いているのが日本の官僚だと言うのだ。何かあれば下っ端の官僚に責任が押し付けられる構造は、ここにも由来する。

半藤さんが言うように日本軍は解体されたが、まもなく自衛隊という形で蘇った。そのきっかけが朝鮮戦争だ。１９５０年６月に朝鮮半島で戦争が始まった翌７月にＧＨＱのマッカーサー司令官は吉田首相に「警察軍」の創設を求めた。それに基づいて８月に募集されたのが警察予備隊だ。これがのちに自衛隊に発展する。

最初に募集された人数は７万５０００人だった。なぜこのような中途半端な人数なのだろうか。このとき日本に駐留していた米軍の総数が７万５０００人だった。それがそっくり国連軍として朝鮮半島にわたった。その穴埋めとして発足したのだ。

警察予備隊の任務は日本国内にいる駐留米軍の家族を守ること、そして日本の中で革命を起こそうとする人が出てくれば武力で鎮圧することだった。つまり自衛隊は発足の当初から米軍の下請けだったのだ。

まだ終戦から間もない時代で、応募したのは元日本軍の兵士が多かった。元日本軍の将校が警察予備隊の指揮官になった。早い話、自衛隊の名で旧日本軍が復活したのだ。

航空自衛隊の育ての親と呼ばれるのは米軍のカーチス・ルメイ将軍である。彼は、第2次大戦で日本を焼け野原にした張本人だ。終戦の年の1945年1月に日本を爆撃する第21爆撃集団司令官に就任した彼は、B29爆撃機による日本全土の無差別爆撃を命じた。それまでの米軍は日本の軍事施設しか狙わなかったが、住宅地も焼夷弾で焼き払うことにした。東京大空襲をはじめ全国の大都市、戦略には関係ない地方の中小都市への非人道的な爆撃、そして広島、長崎への原爆を投下したのも彼の指揮下だ。

彼につけられたあだ名が「皆殺しのルメイ」「鬼畜ルメイ」だ。米軍の中でもその非情さが際立った。ところが、その彼を戦後の日本政府は称えた。航空自衛隊を育成したという理由で1964年、彼は日本最高の勲章である勲一等旭日大綬章を授与された。日本の自衛隊は日本人を虐殺した米軍の「皆殺し」将軍によって育てられたのだ。

戦後の自衛隊になっても1963（昭和38）年に自衛隊の統合幕僚会議が三ツ矢事件という机上作戦研究・クーデター計画を立てた。これだけ見ても、日本で軍部を再び発足させる危険性がわかるだろう。

〈自衛隊をどうする〉

その自衛隊が正式に設立されたのは１９５４年だった。それまでは警察の補完組織という位置づけだったが、ここで任務がはっきりと国防に変わった。このとき新任務への宣誓を拒否して全隊員の６％に当たる７３００人が退官したという。

今や自衛隊は世界的にも強力な軍事組織に肥大した。先に紹介した『ミリタリー・バランス』という軍事年鑑は自衛隊を通常戦力と位置付けている。つまり世界標準に照らしても自衛隊はすでに「立派な」軍隊なのだ。

平成２９年度の防衛白書によると、２０１７年３月３１日現在で日本には通常兵力が２４万７１５４人（陸上自衛隊１５万８６３人、海上自衛隊４万５３６４人、航空自衛隊４万６９４０人、本部要員３９８７人）いる。

このほかに非任期制自衛官という予備役が5万６６８５人いる。予備役とは自衛官としての訓練を受け、いつもはほかの仕事を持つがいざとなれば自衛官となる予備自衛官のことだ。

これだけの要員を抱えていて「日本に軍隊はありません」などと言っても、他の国が信じてくれるわけがない。しかも防衛費は年間に5兆円を超し、世界第7位だ。日本は憲法で軍隊を持たないといいながら実は持っていると他国が非難するだけの十分な理由がある。

ここまで巨大化した自衛隊をどうすればいいのだろうか。その議論が平和勢力には欠けていたように思う。平和憲法の理念に完全に沿うように、いま直ちに解体せよと唱える人もいるだろう。しかし、現にこれだけの数の大組織が長期にわたって存在してきた。憲法にそぐわないからと言ってすぐに廃止するのは難しい。何よりも25万人近くもの若者が失業してしまう。社会の混乱につながる。彼らの中からクーデターを起こそうと考える者も出て来るだろう。

憲法との整合性をとりつつ、今の自衛隊員が失職しない形を考えてみよう。コスタリカの在り方を参考にすれば、一つの方策が思いつく。

先に、世界各国の武装組織は3段階に分かれると述べた。軍隊と国境警備隊と警察だ。日本には自衛隊という軍隊と海上保安庁という国境警備隊と、治安維持のための警察がある。それぞれ防衛省、国土交通省、警察庁という別組織に所属する。

コスタリカには「軍隊」はないが「国境警備隊」はある。専守防衛なので平和憲法と矛盾しない。日本の国境警備隊は海上保安庁だ。まさに専守防衛のための組織である。

海上保安庁の2018（昭和30）年度の定員は1万3994人だ。あまりに少ない。コスタリカで国境警備に当たる隊員の数は人口比で約0・07%だ。日本の海上保安庁は0・01%である。いかにも頼りない。これを強化して専守防衛かつ丸腰ではないことを示せば憲法にかなって国民も納得し、安心するのではないか。

ならば、自衛隊のうち海上自衛隊と航空自衛隊そして陸上自衛隊の一部の計約10万人を海上保安庁に統合すればいい。そうすれば国土の防衛という名目も実質も成り立つ。

海上保安庁というと力が弱いように思われるかもしれないが、実は大きな力を持っている。日本の領海を守り海難救助や密輸、密航などの取り締まりをするのが任務だが、日本の場合、国土に比べて領海の面積が格段に大きい。

日本列島の面積は38万平方キロだが、領海はそれ以上の43万平方キロある。さらに領海に付随した接続水域が32万平方キロあり、200カイリの排他的経済水域を合わせると実に447万平方キロという膨大な広さになる。なんと世界第6位だ。日本はけっして小さくはない。この広大な海域を海上保安庁が担当している。

それだけではない。日本の東には広大な太平洋が広がる。そこで客船や貨物船に事故、火災あるいは病人が出たら、どうするか。日米捜索救助協定により、日本から約2200キロも離れた海域まで海上保安庁が出動するのだ。巡視船「しきしま」は7175トンで、世界最大の巡視船である。自衛隊がなくなれば日本の安全は保たれないなどと言う人がいるが、防衛という目的を考えるなら海上保安庁で十分だし、それを拡充すればいいことだ。

その海上保安庁を政府は冷遇している。ソマリア沖のように、かつてアラビア方面から石油を日本に輸送するタンカーや貨物船、客船の護衛をしていたのは海上保安庁の巡視船だった。

ところが政府はその役目を海上自衛隊に変えてしまった。自衛隊を陽の当たるところに置くために海上保安庁を引っ込めたのだ。そして昨今では沖縄の辺野古に海上保安庁を追いやっている。国民から嫌われるような場所に海上保安庁を、国民から喜ばれるような災害救助に自衛隊を、という配備をしているのが今の政府だ。

〈国際災害救助隊〉

では陸上自衛隊をどうするか。一部は海上保安庁に参加して陸上の国境警備に回り、現在と同じような職務についてもいいだろう。しかし、それでもなお約１５万人が残る。

自衛隊を災害救助隊に転換しようという案が以前から出されてきた。軍事にも詳しい早稲田大学の水島朝穂《あさほ》教授はコーディネーターとして、『きみはサンダーバードを知っているか』という本（サンダーバードと法を考える会編、日本評論社、１９９２年）でニッポン国際救助隊の設立を提案した。

日本の防衛というが、何から国民と国土を防衛するかと言えば、差し迫った一番大きな問題は災害だ。阪神・淡路大震災以来、東日本大震災という強烈な大震災さらに各地で大きな災害があった。今後、南海トラフや関東大震災も予想されている。そのようなときにこそ働いてもらう組織が必要だ。地球温暖化にともなって世界の災害も増えている。

このようなときに国際的な救助組織があると世界は大歓迎するだろう。現にアジアの津波や地震で日本の救助隊は活躍してきた。

救助隊といえば、中国に取材に行った２０１３年に、大連でこんな話を聞いた。当時は日中関係が険悪だったが、「そんなに心配しないでください。中国人の日本人を見る目は２００８年を期して変わりました」と現地で言われた。

２００８年に起きた四川《しせん》大地震のさい、日本から救援隊が現地に駆け付けた。彼らの動きは国営テレビで中国に全国中継された。それを見た中国人たちは目を見張ったという。日本と中国とでは、救援隊の活動で目に見えて違うものがあったからだ。

瓦礫《がれき》の下から遺体が出てきたとき、日本の救援隊はヘルメットを脱ぎ、手袋をとって合掌した。中国の救援隊は死体をポンポン放り投げている。あまりに対照的な姿だった。

戦時中、日本兵は中国人をむやみに殺した、と親から聞いた中国人は多い。いま、救援隊としてやってきた日本人は、そのときの日本兵と同じ年代の若者だ。救援隊の日本人にとって目の前の遺体は見知らぬ外国人で、しかも亡くなった人である。にもかかわらず心から冥福を祈る。中国人の犠牲者に対し、中国人よりも日本人の方が命の重みを感じている。そう思った中国人は「今の日本人は、かつての日本兵とは違う」と、日本人への見方を変えたという。

戦時中の日本軍の行動しか知らない中国人は、日本人を鬼畜のように思うだろう。中国人から憎まれていると思えば、日本側だって身構える。今の日本人が中国人を殺したわけでもないのに、どうして自分たちが恨まれなければならないのかと憤る。最初から溝がある。だが、現在の生の人間を自分の目で確認することで、新たな価値観が生まれる。お互いに知り合うことで人間としての理解が進む。こうした事実を知ると、国際災害救助隊の必要性がもっと理解されるだろう。

このとき日本政府は最初、自衛隊を中国に派遣しようとした。しかし、いくら災害救助が目的でも自衛隊は受け入れられないと中国政府は断った。実際に派遣されたのは東京消防庁のレスキュー隊だ。自衛隊のままでは国際的な災害救助には使えない場面が出てくるのだ。

とはいえ毎日、災害が起きるわけではない。なのに15万人という規模の人々を常時置いておくのは経済的に無駄が多い。ではどうするか。

これまで軍人としてやってきたのだから、とりあえずは軍人の基本に戻ればいいと私は思う。聖徳太子やシーザーの昔から兵士は通常、屯田兵だった。ふだんは田や畑を耕すのだ。戦争のときだけ鍬を銃に持ち替える。それが古今東西の軍の在り方だ。

世界の先進国の中で日本の食糧自給率は最低だ。15万人の力ある若者が新たな農業の担い手となれば、瞬く間に自給率は上がるだろう。自衛隊員も人殺しの訓練よりも食物を育てる方が精神衛生上、良い。隊を退いた後に農業をやるための職業訓練にもなる。休耕田や使われていない畑はたくさんある。広大な演習地をそのまま大規模な田畑にすればいい。まあ、私はそのようなことを思うのだが、ここは国民的な議論を起こせばいい。自衛隊をどうするか、いろんな案が出て来るだろう。

日本の野党や平和勢力は、もっと積極的に防衛問題を語ればよい。自衛隊をなくせというだけでなく、自衛隊をどうするかについて議論しようではないか。

自衛隊に参加している人々がすべて軍国主義者ではない。民主主義下で憲法に沿って日本国民を守りたいという信念で参加した人も、もちろんいる。こうした人々といっしょに現状をどうしたらいいか考えればいい。

4　9条で平和を築く

〈「武」の本来の発想〉

憲法に「軍隊をなくす」条項を入れることを人間が考えついたのは200年以上も前だ。ヨーロッパが戦争で明け暮れていた時代に、ドイツの哲学者カントが著書『永遠なる平和のために』で、世界が平和になるためにはどうしたらよいかを示した。

彼は大きく4つの条件を挙げた。一番いいのは、すべての国が「軍隊の廃止」を憲法で示すことだ。それが無理なら、せめて「侵略戦争の放棄」をうたえばいい。独裁国家なら一人の意志で戦争が起きるが、民主主義に基づく「共和制」にすれば戦争は起きにくくなる。さらに紛争が起きたときに仲介する「国際調停機関」をつくれば、戦争に発展しにくい。

このうち最初に実現したのがフランス革命で生まれた「共和制」で、憲法で「侵略戦争の放棄」を明記した。次に実現したのが第1次大戦後の国際連盟と第2次大戦後の国際連合の「国際調停機関」だ。最後まで残った「軍隊の廃止」をついに実現させたのが、わが日本国憲法第9条である。この憲法は世界の夢、人類の宝なのだ。

カントがこの著書で「常備軍は、時とともに全廃されなければならない」と述べたのは1795年だった。世界には今や軍隊を持たない国が27ある。国連に加盟している193か国のうち7か国に一つは軍隊を持っていない。

カントを生んだ欧州は今、多くの問題をはらみながらも欧州連合（EU）という一つの統合体に発展した。

これに対してアジアはどうか？　東南アジア諸国連合（ASEAN）が設立されたのは1967年だ。もはや50年を越した。当初は米国の支援を受け反共同盟として出発したASEANも、ベトナムを受け入れてイデオロギーを越えた地域統合体に発展した。1995年、全加盟国が東南アジア非核兵器地帯条約を結んだ。

非核と言えば、コスタリカがあるラテンアメリカでは、早くも1967年に世界最初の非核兵器地帯条約であるトラテロルコ条約が結ばれ、中南米33か国のすべてが加入した。

世界の各地域がこのように地域統合や非核地帯を形作る具体的な努力を実現してきた一方で、東アジア、とりわけ北東アジアには非核地帯を設立しようという具体的な政府間の動きはない。共同体を設立するどころか、いがみ合っている。いがみ合いを解消するどころか軍事衝突に至るかもしれないという憂うべき状況だ。

そこで問われるのが憲法9条の堅持だ。今や自衛隊は隣国が脅威と思うほどの強大な軍事力になった。アジアで侵略国家だった日本が自ら武力を捨て、対話によって国際紛争を解決する姿勢を具体的に示すことが、東アジアの平和の出発点だろう。

「武」という文字は「戈《か》」を「止」めると書く。漢字の成り立ちを明らかにした中国の古書『説文《せつもん》』『春秋左氏伝《しゆんじゆうさしでん》』にそう書かれている。「戈」は先が別れた槍のような武器だ。相手が襲ってきたときに「待て」と止めるのが、本来の東洋の武の発想なのだ。武力に武力で立ち向かう西洋の発想、さらには武力が来る前に相手を武力でつぶす安倍首相の「積極的平和主義」は、王道ではなく覇道、すなわち邪道とみなされる。

武力で世界が平和になるなら、世界はとっくに平和になっている。そう語る人がいて、なるほどと思った。武力で解決を図るのは野獣の発想だ。人類の特徴は言葉を持つことだ。言葉によって対話が可能となった。対立を対話で解消する方法こそ英知の道だ。私たちが獣性を脱して人類の正道を歩むよう、歴史は求めている。

〈戦前と決別したドイツ〉

歴史上、日本と同じような道をたどった国がドイツだ。しかし、戦後の両国の歩みはまったく違った。とりわけ政治家が示した姿勢は真反対である。来日したドイツのメルケル首相は日本政府に対して隣国と和解を進めるよう説いた。

戦後のドイツは過去の近隣諸国への侵略を反省したうえで周囲の国々と友好関係を築き、今では欧州連合の中心となった。かつて侵略した欧州諸国からも頼られる存在となっている。アジア諸国から反発される日本とは大きな違いだ。

近隣諸国との関係で政府はどうあるべきか。それはドイツを見ればいい。

ドイツで第2次大戦が終わったのは日本より一足早い１９４５年5月8日だ。この国ではこの日をそっけなく終戦記念日などとは言わない。「民主主義の日」と呼ぶ。未来に向けて民主主義を築く決意を示す日とした。

２００５年のこの日、首都ベルリン中心部の広場では平和と民主主義を祝った。集った人の中に「人間の尊厳は不可侵である」と書いたゼッケンを付けた人がいた。ドイツの憲法である基本法の第1条第1項の文句だ。ドイツの憲法は冒頭で人権の尊重をうたう。「これを尊重し保護することは、すべての国家権力の義務である」と続く。

この年は戦後６０周年に当たっていた。日本では終戦記念日に小泉首相が靖国神社に参拝し、中国で反日暴動が起きた。一方のドイツは首都の中心部にユダヤ人虐殺の記念碑を建てた。国会議事堂のそばに２７１１の石碑が並ぶ。ナチスが他民族を圧殺したことを、ドイツはけっして忘れないという意思表示だ。

ドイツの政治家も戦後しばらくは、過去を忘れようとした。歴史を変える先鞭をつけたのは１９７０年、ナチスがユダヤ人を隔離したワルシャワ・ゲットーの記念碑の前で突然ひざまずいたブラント首相だ。彼は「自国の歴史の流れから外へ出ることはできない」と語った。

戦後４０周年の１９８５年、ワイツゼッカー大統領は「過去に目を閉ざす者は現在にも盲目となる。非人間的な行為を心に刻もうとしない者は、またそうした危険に陥る」と演説した。ドイツの良心を代弁した彼は、それから３０年を経て亡くなった。「日本が近隣諸国と友好関係を持ち過去を無視しないことが、地域の平和と安定に寄与する」という彼の言葉は、日本人への遺言ととらえるべきだろう。

戦後のドイツは徹底してナチスを糾弾した。それが他の欧州諸国に安心感と親近感をもたらした。いま、ドイツが欧州諸国と仲良くやっていけるのは、自らを省みる姿勢を絶えず外に示したからだ。ここが日本とは違う。

日本では戦犯がそのまま首相となり、戦前の財閥が形を替えて残り、今も政治や経済を握る。自分たちの行為を正当化し、従軍慰安婦も南京大虐殺もなかったことにする。まさに「過去に目を閉ざして」きた。だからアジア諸国は疑いの眼で見る。

ヨーロッパでは、かつて戦争した国が欧州連合という一つの地域統合体を創り上げた。きっかけをつくったのは、第2次大戦直後のフランスのシューマン外相だ。彼は素朴に考えた。20世紀に戦争を始めたのはドイツとフランスだ。戦争で欠かせないのが鉄と石炭だ。ならばドイツとフランスが鉄と石炭を共同で管理すれば戦争は起きにくくなる。

彼の提案で1952年に発足したのが欧州石炭鉄鋼共同体だ。それが発展して欧州経済共同体となり、約40年後の1993年に今の欧州連合に結実した。

欧州連合の市民の権利を定めた欧州連合基本権憲章は2000年に公布された。加盟国はこれに沿って法令を制定する。第1編は「尊厳」で、人間の生存権を保障した。

今や欧州にならい南米連合もできた。次はアジアの番だ。まずは経済で緩やかに共同し、40年かけて関係を強め、ともに生きるアジアを創ろうではないか。

私たちの日本は、歴史から学んでいるだろうか。いや、偏狭な民族主義者が権力を握り、戦前の日本は正しかったと言い張る。アジア諸国との仲は遠ざかるばかりだ。

ワイツゼッカー氏はこうも言った。「ナショナリストは他人を憎む者、愛国者は自国を愛するとともに隣人の愛国心を理解し敬意を払う者だ」。そうだ。本当の愛国心は国籍や民族が違う人も人間として尊重し、ともに平和な世界を築こうとする崇高な心を指す。愛国心は普遍的な人類愛につながってこそ価値がある。


〈憎しみは愛によって消える〉


戦時中に日本の軍隊は暴走してアジア・太平洋を荒らしまわった。戦後のサンフランシスコ講和会議の際、日本軍に痛めつけられた諸国は日本に対して多大な戦時賠償を求め、日本が立ち直れないようにしようと考える国も多かった。

そうした中で日本軍に爆撃されたスリランカのジャヤワルダナ代表は「わが国が日本軍によって受けた損害は当然、賠償されるべきである。しかし、我々はその権利を行使するつもりはない。なぜなら偉大な師（ブッダ）の『憎しみは憎しみでなく、愛によって消え去る』という言葉を信じるからである」と述べ、「日本人に機会を与えなければならない」と説いた。

締めくくりに語ったのは「この条約の目的は、日本を自由な国にし、日本の復活になんら制約をつけず……経済に悪影響を与える賠償金を日本から取り立てないためのものである。日本人に友好の手を差し伸べよう。平和と繁栄のうちに人間としての尊厳に満ちた生活をともに享受できるよう、新時代の最初のページに記そうではないか」という言葉だ。大きな拍手を誘い、日本に対する被害感情を変えた。

彼の言葉が戦後の日本の発展に寄与したのは明らかだ。日本から被害を受けた国から発せられたこの言葉を、私たちは改めてきちんと受け止めるべきだろう。

コロンボの中心部にあるジャヤワルダナ文化センターを訪ねると、壁にはサンフランシスコ講和会議における氏の発言が刻んであった。さらに「なぜ人間が獰猛《どうもう》になり仲間を殺すのか、私にはわからない。つまるところすべての人間は誰かの親か母か子どもであるのだから」という発言も掲げてある。

いま、北朝鮮をめぐる緊張関係において、憎しみの連鎖をどのようにして断ち切るかが問われる。ただ獰猛になる米国、北朝鮮そして日本政府を見るにつけ、スリランカの政治家が発した言葉の重みが胸を打つ。彼が呼びかけた精神を思い起こすべきではないか。

戦後の日本に対して寛大な姿勢を示したのはスリランカだけではない。中国も日本に対する賠償権を放棄した。それは自ら憎しみの連鎖を断ち切ろうとする崇高な自己犠牲の精神からだった。そのおかげで日本は莫大な賠償金を払うことなく戦後復興に乗り出すことができた。

サンフランシスコ講和会議の直前に起きたのが朝鮮戦争である。米軍は戦争の物資の多くを日本で調達したため、これを特需として日本の経済は復興することができた。その後のベトナム戦争でも同じことが起きた。日本経済は戦前だけではない、戦後もアジアの国の犠牲のうえに拡大したのだ。この歴史的事実を想うなら、日本が謙虚となり、アジア地域の平和に向けて力を尽くすことは人として当然の義務だろう。

〈武力に対話を〉

朝鮮半島をめぐって金正恩とトランプという二人の狂気をはらんだリーダーが、実際に戦争につながりかねない兆発の応酬を繰り返した。北朝鮮は強気に見えるが、金正恩政権は内実、早く米国に交渉相手として認めてほしいと焦っていただろう。ミサイルを飛ばすしか、彼には手がない。幼い子が物を投げつけて自己主張するようなものだ。放っておけば本当に癇癪《かんしゃく》を起こしかねない。

その国際緊張を解くためにも、戦争になれば最も迷惑する韓国や日本が米国と北朝鮮の間を取り持ち対話の仲介をするのが平和への道だ。韓国の文在寅大統領は、それをやった。歴史的な流れからすれば本来、日本が果たすべき役割だろう。それこそ、幣原喜重郎が言う世界史的な任務ではないか。

平和学を創設したノルウェーのヨハン・ガルトゥング博士が２０１７年に来日した際、自衛隊についてこう語った。「日本は世界第4位の軍隊を持っている。強大な軍隊を保つには敵国を想定する必要がある。そのため中国と北朝鮮を敵国にした。しかし、当の中国も北朝鮮も日本を攻めようとは思っていない。なぜわざわざこの二つの国を敵に回す必要があるのか」と。

さらに「北朝鮮が敵対しているのは米国だ。米国は人類史上、最大の好戦国で、建国以来、他国を248回にわたって侵略したし、第2次大戦後も世界37か国で2000万人を殺害した。こんな国と同盟関係を結んで『より平和にしよう』という考えがどうかしている」と。しごくもっともな主張であり、これが平和学者の日本の今の政治を見る目である。

憎しみの連鎖を断ち切る必要性、他国を敵に回すのでなく共存を図る姿勢、それは世界の政治に携わるさまざまな人々が唱えてきた。

いま、紛争への対処をめぐって世界には大きく二つの潮流がある。一つは「武力には武力を」。米国やテロ組織そして安倍政権の考え方だ。もう一つは「武力には対話を」。国連や平和憲法そして世界の市民運動の考え方だ。

歴史の流れで、どちらが大きな潮流かと言えば、明らかに後者だ。

国連は2017年夏に核兵器禁止条約を採択した。核兵器を持つ大国に任せていても軍縮がいっこうに進まない中、核を持たざる国が団結して核兵器をなくすための法制化に踏み出したのだ。いわば地球規模の「非核野党共闘」だ。

世界は、遅々としてはいるが、対話の方向を目指している。大きな目で見れば、歴史は憲法９条の方向に進んでいる。意を強くするとともに、惰性のままに世界が悪の道に進んでいかないよう、私たちの日本を積極的平和国家として再出発させようではないか。

おわりに

満開の見事な桜が駅の一帯に咲き誇る。日本海に突き出た能登半島に延びる「のと鉄道」。「能登さくら駅」とも呼ばれる能登鹿島駅は、花見客で満ちていた。冬が厳しいだけに、春を愛でる人々の顔はひときわ明るい。

だが、今は明るい顔も、職場に行けば暗くなる。アベノミクスというアメリカ直輸入の新自由主義がはびこり、人間性を切り捨てて企業の儲けのみを追求する世の中だ。ＪＲが切り捨てた路線を引き継いだ「のと鉄道」だが、輪島市に至る北半分は廃線にした。

「のと鉄道」の終着駅から車に乗り、桜ではなく輪島市にある「憲法９条の記念碑」を見に行った。改憲の動きが足早に進む中、９０歳を越す元航空兵が平和憲法の価値を訴えようと自費で建てた碑だ。桜を背に９条の碑は、春の陽射《ひざ》しを浴びて輝いていた。

こうした純粋な市民とは裏腹に、戦前の頭をした厚顔な政治家と軍備拡張で儲けようとする財界人が、日本を再び戦争の道にもちこもうとする。今や公然と９条改憲への路線が敷かれた。政治家や官僚は公文書を改ざんすることを罪と思わないほど腐敗しきった。

そんなよどみを黙って見過ごすのは悪の側に付くことだ。戦後の平和を維持してきた憲法9条が変えられようとする今、これを黙認することは日本を戦前に戻すことに加担することになる。無能な政治家をただ信じた結果が先の大戦の大きな犠牲だった。歴史に学ぼうとするなら、傍観をやめ行動するしかない。

輪島市に行く直前、富山市で講演をした。映画「コスタリカの奇跡——積極的平和国家のつくり方」の上映会場で、コスタリカに学び平和憲法を活かそうと提唱した。講演後に20代の青年が私に近寄って質問した。「将来、日本が変わると信じていますか?」

青年の表情は、将来どころか現在さえ何も信じられないように見える。私は答えた。「変わるかどうか、じゃなくて、変えるかどうか、だ。変えようとする意志がなければ、社会は変わらない」。そして「将来はどうなるかわからないから、信じるわけにはいかない。でも、今、将来を変えようとしている自分を信じることはできる」。青年は私の言葉をしばらく反芻《はんすう》したあと、ニッコリ笑って「来て良かったです」と言い、握手を求めてきた。

将来、社会はこうなるべきだという確信を、私は持っている。憲法9条がうたう、武器なしでだれもが安心して暮らせる社会だ。だが、人間社会が理想のみで動くわけではない。だから将来が必ず理想の通りになるとは、私も思わない。

だが、人間性に満ちた世界に変えていこうとする意志と努力を放棄してしまったら、その時点ですでに人間性の放棄ではないか。自ら人間でありたいと思うなら、理想を抱いて、その実現のために具体的な行動をすべきだ。そうやって生きている自分は、信じるに足る。

いま、多くの人が自信をなくしている。いや、そもそも日本の市民が政治に自信を持ったことが歴史上、あっただろうか。以前、私は韓国の大学教授に「韓国の人は元気ですね。日本人は元気がありません。なぜでしょうね」と聞いた。教授は即座に答えた。「当たり前です。私たち韓国の市民はあのひどい軍政時代に命をかけて闘い、ついに民主主義を勝ち取りました。だから私たちは自信を持っています。日本はどうですか？　日本の歴史上、市民が立ち上がって政権を握ったことが一度でもありましたか？」。

その通りだ。成功体験がなければ自信を持てるはずがない。ならば、今がチャンスだ。市民が立ち上がって、日本の歴史上初めて、真に市民に根差した政権を生みだそうではないか。戦前のように独裁化した政権を倒そうではないか。

過去の日本で、将来を信じていた一人が9条を生んだ幣原喜重郎だ。「100年後には預言者と呼ばれる」という彼の言葉が、その証左だ。軍部がはびこる下で平和外交を推し進めてきた自信から湧き出た言葉だろう。自信を持ちたければ、彼のように行動に出て自ら確信するしかない。

平和学を創始したガルトゥング博士が、今の日本に欠けていると指摘したものが三つある。

まず、知識だ。世界の状況についてあまりにも知らなすぎる。次に、ビジョンがないことだ。隣の国と国境を接していないから、どう付き合えばいいかを知らない。最後に、政治的な意志の力だ。「今もアメリカに主権を侵されている。アメリカの軍人が手続きもせずに日本に入国し横田基地からヘリコプターで都心に勝手に飛んでくるのを見ても明らかで、まさに占領下ではないか」と、博士は声を荒げた。

事実をどうやって知るか。博士は「読売や朝日新聞、NHKを見ても真実はわからない。むしろユーチューブの方がわかる」と苦笑するようなことを語る。そして「独創力、創造力が大事だ。うちひしがれず、あきらめず、たくましく、アイデアを出すこと。柔軟な頭で考えてほしい」と語った。

そうだ、おおいに議論していこう。真の民主主義はそこから生まれる。将来の日本を、私たち自身が誇れる国にするために、そして世界から尊敬される国になるために。

安倍政権がなぜ憲法9条を目の敵にするかと言えば、憲法9条が市民の側に立つ発想をしているからだ。市民が憲法を使えば、彼らは困る。憲法は公務員に尊重・擁護を義務づけているにもかかわらず、彼らは立憲主義を踏みにじっている。ならば憲法を使おうではないか。

安倍政権を倒したあとも、旧勢力は同様の言動を繰り返すだろう。ポスト安倍の時代にも、私たち国民の不断の努力は求められるのだ。

「護憲」「改憲」の言葉が飛び交っていた時代に、「憲法活かす」という意味で私が「活憲」を提唱したのは2000年3月だった。朝日新聞に記者が持論を展開する欄があり、そこでコスタリカの在りようを紹介しつつ、日本も憲法、とりわけ9条を活かそうと訴えたのだ。

その後、「コスタリカから9条へ」の副題をつけた著書『活憲の時代』（シネフロント社）を出版した。初版を出した2008年5月3日からちょうど10年になる。昨年にはコスタリカを詳しく紹介する『凜とした小国』（新日本出版社）を出した。コスタリカについての詳細は、そちらを参照してほしい。

今や「活憲」の文字が巷のポスターにも見られるようになった。市民は国会前を包囲し、プラカードを掲げ、全国の駅でスタンディングをしている。選挙では野党共闘の候補者を立て、与党候補に勝つまでになった。ここでさらに世界の人々の変革の実践を知れば、日本を変える道がはっきりと見えてくる。

本書は、堕落しきった安倍政権がなお森友問題などで白を切り公文書改ざんまでして政権を延命し改憲を急ぐ動きの中、自分にできる最大限のことをしようと執筆を思い立った。新日本出版社の田所稔社長に出版を持ちかけたところ、快諾してくださった。

それから正味2週間で本書を書き上げた。突然の思い立ちとはいえ、思考の内容は10年前から温め、年間100回近い講演で述べてきた。頭にあったものを文字に置き換えるだけでよかった。これまで書き溜めていた文章もあった。それ以上に、今ここで訴えなければ日本が完全にナチス支配下のようになるという危機感が私を突き動かした。

原稿を詳細に読んで不明な点を具体的に指摘してくださった田所社長にはとくにお礼を申し上げたい。椅子から離れる暇もない私に代わって国会図書館で原典に当たるなど、綿密な裏付けをしてくださった。装丁の佐藤克裕さんには先の『凛とした小国』に続き、今回も短期間にもかかわらず素敵な「顔」をいただいた。

執筆中にも9条をめぐる攻防は白熱し、自民党が改憲案を具体化する一方、「九条の会」をはじめとする護憲派は3000万人署名を進めた。中には一人で400筆以上を集めた人もいる。本書は、全国各地でさまざまな9条のために献身的に活動する人々に捧げたい。

2018年4月10日

「首相案件」の記録が暴露され安倍政権が崩壊に向かった日、

桜咲く能登半島で　伊藤千尋

伊藤　千尋（いとう・ちひろ）
1949年、山口県生まれ。71年にキューバでサトウキビ刈り国際ボランティアに参加。73年、東京大学法学部を卒業、東大「ジプシー」調査探検隊長として東欧を調査する。74年、朝日新聞社に入社。東京本社外報部などを経て、84～87年サンパウロ支局長。88年『AERA』創刊編集部員を務めた後、91～93年バルセロナ支局長。2001～04年ロサンゼルス支局長。現在はフリーの国際ジャーナリスト。「コスタリカ平和の会」共同代表、「九条の会」世話人も務める。
主著に、『心の歌よ！──日本人の「故郷」を求めて』『こうして生まれた日本の歌──心の歌よ！ Ⅱ』『歌から見える世界──心の歌よ！ Ⅲ』『連帯の時代──コロナ禍と格差社会からの再生』『凜凜チャップリン』『凜としたアジア』『凜とした小国』『辺境を旅ゆけば日本が見えた』『一人の声が世界を変えた！』（以上新日本出版社）、『今こそ問われる市民意識』（女子パウロ会）、『地球を活かす──市民が創る自然エネルギー』『活憲の時代──コスタリカから９条へ』（以上シネ・フロント社）、『新版 観光コースでないベトナム』『キューバ～超大国を屈服させたラテンの魂』（以上高文研）、『世界一周 元気な市民力』（大月書店）、『反米大陸』（集英社新書）、『たたかう新聞──「ハンギョレ」の12年』（岩波ブックレット）、『太陽の汗、月の涙──ラテンアメリカから問う』（増補版、すずさわ書店）、『燃える中南米』（岩波新書）など多数。

９条《じょう》を活《い》かす日本《にほん》──15％が社会《しゃかい》を変《か》える

2018年５月３日　初　版
2023年７月25日　第３刷

著　者　伊藤千尋
発行者　角田真己

郵便番号　151-0051　東京都渋谷区千駄ヶ谷4-25-6
発行所　株式会社　新日本出版社
電話　03（3423）8402（営業）
03（3423）9323（編集）
info@shinnihon-net.co.jp
www.shinnihon-net.co.jp
振替番号　00130-0-13681

印刷　亨有堂印刷所　　製本　光陽メディア

落丁・乱丁がありましたらおとりかえいたします。
© Chihiro Ito 2018
ISBN978-4-406-06254-1 C0036　Printed in Japan

本書の内容の一部または全体を無断で複写複製（コピー）して配布することは、法律で認められた場合を除き、著作者および出版社の権利の侵害になります。小社あて事前に承諾をお求めください。